Przeciwko takim rzeczom nie ma zakonu

Owoc Ducha

Przeciwko takim rzeczom nie ma zakonu

Dr. Jaerock Lee

Przeciwko takim rzeczom nie ma zakonu autorstwa Dra Jaerock Lee
Opublikowano przez Urim Books (Reprezentant: Johnny. H. Kim)
73, Yeouidaebang-ro 22-gil, Dongjak-gu, Seoul, Korea
www.urimbooks.com

Wszelkie prawa zastrzeżone. Żadna część niniejszej publikacji nie może być reprodukowana, przechowywana jako źródło danych i przekazywana w jakiejkolwiek formie zapisu bez pisemnej zgody wydawcy.

O ile nie zaznaczono inaczej, wszelkie cytaty pochodzą z Biblii Tysiąclecia ® 1960, 1962, 1963, 1968, 1971, 1972, 1973, 1975, 1977, 1995. Wykorzystane za zgodą.

Copyright © 2016 Dr. Jaerock Lee
ISBN: 979-11-263-1145-3 03230
Tłumaczenie na język angielski © 2014 Dr. Esther K. Chung. Użyte za zgodą tłumacza.

Wcześniej opublikowane w języku koreańskim przez Urim Books w 2009

Pierwsze wydanie październik 2016

Edycja: Dr. Geumsun Vin
Projekt: Editorial Bureau of Urim Books
Kontakt: urimbook@hotmail.com

„Owocem zaś ducha jest: miłość, radość, pokój, cierpliwość, uprzejmość, dobroć, wierność, łagodność, opanowanie. Przeciw takim /cnotom/ nie ma Prawa."
(Gal. 5,22-23)

Słowo wstępne

Chrześcijanie zyskują prawdziwą wolność,
wydając owoce Ducha Świętego,
przeciwko którym nie ma zakonu.

Każdy powinien postępować zgodnie z zasadami i przepisami koniecznymi dla danych okoliczności. Jeśli ludzie mają poczucie, że takie przepisy ich ograniczają, będą czuli ciężar i ból. Jeśli czują się obciążeni i wywołują rozproszenie i nieład, nie daje im to wolności. Kiedy postępują w taki sposób, prędzej czy później dopadnie ich poczucie pustki, a jedyna nagroda, jaka będzie na nich czekać to wieczna śmierć.

Prawdziwa wolność to wolność od wiecznej śmierci, łez, smutku i bólu. Obejmuje uwolnienie się od pierwotnej natury i daje nam moc do pokonania słabości. Bóg miłości nie chce, byśmy cierpieli i dlatego poprzez Swoje Słowo dał nam możliwość poznania sposobów, jak zyskać wieczne życie i prawdziwą wolność.

Przestępcy lub osoby, które przestępują prawo państwowe będą zdenerwowane, kiedy zobaczą policję. Jednak ludzie, którzy postępują zgodnie z prawem, nie muszą czuć się w taki sposób, natomiast zawsze mogą poprosić policję o pomoc i czują się bezpieczniej, kiedy policja jest w pobliżu.

Tak samo, ci, którzy żyją zgodnie z prawdą nie muszą się bać, mogą cieszyć się wolnością, ponieważ rozumieją prawo Boga jako drogę do błogosławieństw. Mogą cieszyć się wolnością jak wieloryby, które pływają w oceanie albo orły, które latają na niebie.

Prawo Boże można podzielić na cztery kategorie. Prawo Boże mówi nam, co robić, czego nie robić, co zachowywać i co odrzucić. Z upływem dni, świat staje się coraz bardziej splamiony grzechem i złem, dlatego ludzie czują się coraz bardziej obciążeni i nie zachowują Słowa Bożego. Lud izraelski w czasach Starego Testamentu cierpiał z powodu niezachowywania prawa Mojżesza.

Bóg posłał Jezusa na tę ziemię, aby uwolnić nas od przekleństwa Prawa. Bezgrzeszny Jezus umarł na krzyżu, aby każdy kto w Niego uwierzy mógł być zbawiony przez wiarę. Kiedy ludzie otrzymują dar Ducha Świętego poprzez przyjęcie Jezusa Chrystusa, stają się dziećmi Boga i mogą wydawać owoce Ducha dzięki prowadzeniu Ducha

Świętego.

Kiedy Duch Święty zamieszkuje w naszych sercach, pomaga nam zrozumieć Boga i żyć zgodnie z Jego słowem. Na przykład, kiedy ktoś nie potrafi przebaczyć, Duch Święty przypomina nam o przebaczeniu i miłości Pana i pomaga nam przebaczyć. Wtedy możemy odrzucić zło z naszego serca i zastąpić je dobrocią i miłością. W ten sposób, kiedy wydajemy owoce Ducha Świętego poprzez Jego prowadzenie, nie tylko będziemy cieszyć się wolnością w prawdzie, ale również otrzymamy miłość Boga i ogrom błogosławieństw.

Dzięki owocom Ducha, widzimy, jak jesteśmy uświęceni oraz jak blisko jesteśmy tronu Bożego. Jest to świadectwem tego, na ile jesteśmy oblubienicą Jezusa. Im więcej owoców wydajemy, tym piękniejsze i bardziej imponujące miejsce w niebie będzie na nas czekać. Aby dostać się do Nowego Jeruzalem w Niebie, musimy w pełni wydawać owoce Ducha Świętego, a nie tylko częściowo.

Niniejsza książka pozwala nam zrozumieć duchowe znaczenie

owoców Ducha Świętego i podaje konkretne przykłady. Wraz z Duchową Miłością opisaną w 1 Kor. 13 oraz Błogosławieństwami opisanymi w Ew. Mat. 5, owoce Ducha Świętego świadczą o prawdziwej wierze. Pod przewodnictwem Ducha Świętego będziemy w stanie dotrzeć do ostatecznego celu, jakim jest Nowe Jeruzalem.

Pragnę podziękować Geumsun Vin, dyrektorowi biura wydawniczego i całemu personelowi. Modlę się w imieniu Pana Jezusa, abyśmy wydawali owoce Ducha Świętego, abyśmy mogli radować się wolnością i zamieszkać w Nowym Jeruzalem.

Jaerock Lee

Wstęp

Drogowskaz na drodze wiary do Nowego Jeruzalem w Niebie

W dzisiejszym świecie wszyscy są zabiegani. Pracują, aby posiąść dobra materialne i cieszyć się nimi. Niektórzy ludzie nadal mają pewne cele życiowe pomimo popularnych tendencji tego świata, jednak nawet oni od czasu do czasu zastanawiają się, czy naprawdę prowadzą właściwe życie. Być może patrzą w przeszłość, również w sensie duchowym. Jesteśmy w stanie wzrastać i dotrzeć do Królestwa Bożego, kiedy żyjemy zgodnie ze Słowem Bożym.

Rozdział 1 pt. „Wydawanie owoców Ducha Świętego" wyjaśnia, kim jest Duch Święty, który ożywia martwego ducha, który obumarł z powodu grzechu Adama. Objaśnia, że możemy w obfitości wydawać owoce Ducha Świętego i postępować zgodnie z Jego wolą.

Rozdział 2 pt. „Miłość" mówi nam o pierwszym owocu Ducha Świętego, jakim jest miłość. Pokazuje pewne zdegradowane formy miłości, które pojawiły się po upadku Adama oraz opisuje sposoby, jak możemy pielęgnować miłość, która jest radością dla Boga.

Rozdział 3 pt. „Radość" mówi o tym, że radość jest najważniejszym standardem, dzięki któremu możemy sprawdzić, czy nasza wiara jest właściwa, oraz objaśnia powód, dla którego straciliśmy radość związaną z pierwszą miłością. Podaje trzy sposoby, by wydawać owoc radości, dzięki któremu możemy radować się w każdych okolicznościach życia.

Rozdział 4 pt. „Pokój" podkreśla, jak ważne jest to, by zburzyć ścianę grzechu i mieć pokój z Bogiem. Jako ludzie powinniśmy mieć pokój z Bogiem, ludźmi i samymi sobą. Pozwala nam zrozumieć ważność wypowiadanych słów dobroci oraz spoglądać z perspektywy drogiego człowieka, kiedy pragniemy osiągnąć pokój.

Rozdział 5 pt. „Cierpliwość" wyjaśnia, czym jest prawdziwa

cierpliwość, w której nie chodzi jedynie o ukrycie negatywnych uczuć, ale cierpliwość w dobroci serca wolnego od zła, które przynosi błogosławieństwa, kiedy mamy prawdziwy pokój. Opisuje również trzy rodzaje cierpliwości: cierpliwość, która zmienia serce, cierpliwość do ludzi oraz cierpliwość do Boga.

Rozdział 6 pt. „Uprzejmość" uczy nas, czym jest prawdziwa uprzejmość na przykładzie Jezusa. Patrząc na cechy uprzejmości, widzimy różnicę między uprzejmością a miłością. Pokazuje również, jak otrzymać Boże błogosławieństwa i miłość.

Rozdział 7 pt. „Dobroć" mówi nam o sercu pełnym dobroci, jakie miał Jezus, który nie kłócił się ani nie krzyczał; nie łamał trzciny ani nie gasił tlącego się knota. Dobroć różni się od innych owoców, dlatego ważne jest, abyśmy wydawali owoc dobroci i byli podobni do Chrystusa.

Rozdział 8 pt. „Wierność" pokazuje nam, jakie

błogosławieństwa możemy otrzymać, kiedy jesteśmy wierni Bogu. Na przykładzie Mojżesza i Józefa pozwala nam zrozumieć, czym jest owoc wierności.

Rozdział 9 pt. „Łagodność" wyjaśnia znaczenie łagodności w oczach Boga oraz opisuje cechy charakterystyczne ludzi, którzy wydają owoc łagodności. W niniejszym rozdziale znajduje się opis czterech rodzajów pola, które wskazują na to, w jaki sposób powinniśmy wydawać owoc łagodności. Mówi nam również o tym, jakim błogosławieństwem jest łagodność.

Rozdział 10 pt. „Wstrzemięźliwość" ukazuje powód, dla którego wstrzemięźliwość jest wymieniona jako ostatni owoc z dziewięciu owoców Ducha Świętego, podkreślając jej ważność. Owoc wstrzemięźliwości jest niezbędny, ponieważ dzięki niemu jesteśmy w stanie kontrolować pozostałych osiem owoców Ducha Świętego.

Rozdział 11 pt. „Przeciwko takim rzeczom nie ma zakonu" stanowi podsumowanie niniejszej książki, które pomaga zrozumieć ważność Ducha Świętego oraz pomaga czytelnikom stać się ludźmi ducha dzięki pomocy Ducha Świętego.

Nie możemy powiedzieć, iż mamy wiarę, tylko dlatego, że od dawna wierzymy lub tylko dlatego, że dobrze znamy Biblię. Miarą wiary jest zmienione serce pełne prawdy oraz to, na ile jesteśmy podobni do Jezusa.

Mam nadzieję, że czytelnicy będą mogli sprawdzić swoją wiarę oraz w obfitości wydawać dziewięć owoców Ducha Świętego dzięki Jego prowadzeniu i mocy.

Geumsun Vin,
Dyrektor Biura wydawniczego

SPIS TREŚCI
Przeciwko takim rzeczom nie ma zakonu

SŁOWO WSTĘPNE · vii

Wstęp · xi

Rozdział 1

Wydawanie owoców Ducha Świętego — 1

Rozdział 2

Miłość — 13

Rozdział 3

Radość — 29

Rozdział 4

Pokój — 49

Rozdział 5

Cierpliwość — 69

Rozdział 6

Uprzejmość 87

Rozdział 7

Dobroć 103

Rozdział 8

Wierność 119

Rozdział 9

Łagodność 137

Rozdział 10

Wstrzemięźliwość 159

Rozdział 11

Przeciwko takim rzeczom nie ma zakonu 175

Przeciwko takim rzeczom nie ma zakonu

Gal. 5,16-21

„Oto, czego uczę: postępujcie według ducha, a nie spełnicie pożądania ciała. Ciało bowiem do czego innego dąży niż duch, a duch do czego innego niż ciało, i stąd nie ma między nimi zgody, tak że nie czynicie tego, co chcecie. Jeśli jednak pozwolicie się prowadzić duchowi, nie znajdziecie się w niewoli Prawa. Jest zaś rzeczą wiadomą, jakie uczynki rodzą się z ciała: nierząd, nieczystość, wyuzdanie, uprawianie bałwochwalstwa, czary, nienawiść, spór, zawiść, wzburzenie, niewłaściwa pogoń za zaszczytami, niezgoda, rozłamy, zazdrość, pijaństwo, hulanki i tym podobne. Co do nich zapowiadam wam, jak to już zapowiedziałem: ci, którzy się takich rzeczy dopuszczają, królestwa Bożego nie odziedziczą."

Rozdział 1

Wydawanie owoców Ducha Świętego

Duch Święty ożywia martwego ducha

Wydawanie owoców Ducha

Pragnienia Ducha i pragnienia ciała

Nie zatracajmy serca w czynieniu dobra

Wydawanie owoców Ducha Świętego

Gdyby kierowca miał możliwość jechać pustą autostradą, na pewno czułby się dość wolny. Jednak kiedy jedzie w jakimś miejscu po razy pierwszy, musi być czujny i ostrożny. A co jeśli ma nawigację? Ma wtedy dokładne informacje i wskazówki, więc może dotrzeć do celu bez przeszkód.

Nasza podróż wiary do Królestwa Bożego jest bardzo podobna. Ludzie, którzy wierzą w Boga i żyją zgodnie z Jego słowem, mają ochronę Ducha Świętego, który ukazuje im przeszkody i trudności oraz pomaga przez nie przejść. Duch Święty prowadzi nas najkrótszą i najłatwiejszą drogą do celu, którym jest Królestwo Niebieskie.

Duch Święty ożywia martwego ducha

Pierwszy człowiek Adam był duchem żyjącym, kiedy Bóg ukształtował go i tchnął w jego nozdrza dech życia. Dech życia to moc zawarta w pierwotnej światłości, która była przekazywana potomkom Adama, kiedy żyli w Ogrodzie Eden.

Jednakże, kiedy Adam I Ewa zgrzeszyli i zostali wygnani na ziemię, sytuacja się zmieniła. Bóg odebrał im dech życia i pozostawił zaledwie jego ślad, czyli ziarno życia. Ziarno życia nie mogło zostać przekazane potomkom Adama i Ewy.

W szóstym miesiącu ciąży Bóg wkłada ziarno życia w ducha dziecka i zaszczepia jądro komórkowe w sercu, które jest centralną częścią istoty ludzkiej. W przypadku ludzi, którzy nie przyjmują Jezusa, ziarno życia pozostaje nieaktywne jakby było przykryte grubą pokrywą. Duch pozostaje martwy, kiedy ziarno życia jest nieaktywne. Tak długo, jak duch nie zostaje ożywiony, człowiek nie może zyskać życia wiecznego i iść do Królestwa Niebieskiego.

Od momentu upadku Adama, wszystkie istoty ludzkie są skazane na śmierć. Aby mogły zyskać życie wieczne, muszą uzyskać przebaczenie grzechów, które stanowią przyczynę śmierci, a ich martwy duch musi zostać ożywiony. Dlatego właśnie Bóg miłości zesłał na ziemię swojego jedynego Syna jako przebłaganie za nasze grzechy i pozwolił Mu umrzeć na krzyżu dla naszego zbawienia. Jezus wziął nasze grzechy i umarł, aby ożywić naszego ducha. Stał się drogą, prawdą i życiem dla wszystkim ludzi tak, by mogli zyskać życie wieczne.

Dlatego, kiedy przyjmujemy Jezusa jako naszego Zbawiciela, nasze grzechy zostają przebaczone; stajemy się dziećmi Bożymi i otrzymujemy dar Ducha Świętego. Dzięki mocy Ducha Świętego, ziarno życia, drzemiące do tej pory pod twardą skorupą, budzi się do życia. Duch zostaje ożywiony. W Ew. Jana 3,6 czytamy: „To, co się z ciała narodziło, jest ciałem, a to, co się z Ducha narodziło, jest duchem." Ziarno, które kiełkuje, może wzrastać tylko wtedy, gdy otrzymuje wodę i światło słoneczne. Tak samo ziarno życia musi otrzymać wodę duchową i światłość tak, by mogło wzrastać. Aby nasz duch mógł wzrastać, musimy uczyć się Słowa Bożego, które jest duchową wodą i postępować zgodnie z nim tak, by być światłością.

Duch Święty, który mieszka w naszych sercach, uczy nas o grzechu, sprawiedliwości i o sądzie. Pomaga nam odrzucić grzech i bezprawie oraz żyć w sprawiedliwości. Daje nam moc, abyśmy myśleli, mówili i postępowali zgodnie z prawdą. Pomaga nam też prowadzić życie wiary i mieć nadzieję na Królestwo Niebieskie. Podam wam pewien przykład, aby ułatwić zrozumienie tej kwestii.

Wyobraźcie sobie dziecko, które wychowywane było w szczęśliwej rodzinie. Pewnego dnia poszło w góry i patrząc na piękny krajobraz, wykrzyknęło: „Juhu!" Wtedy ktoś odpowiedział mu dokładnie w ten sam sposób. Zaskoczony chłopiec zapytał: „Kim jesteś?" I usłyszał taką samą odpowiedź. Chłopiec zdenerwował się, że ktoś go przedrzeźnia i powiedział: „Chcesz się bić?" Znów usłyszał te same słowa. Poczuł, że ktoś go obserwuje i wystraszył się.

Szybko wrócił do domu i opowiedział swojej mamie, co się stało. Powiedział: „Mamo, w górach jest jakiś zły mężczyzna." Mama z delikatnym uśmiechem odpowiedziała: „Myślę, że chłopak, którego spotkałeś w górach jest dobry i może być twoim przyjacielem. Może wrócisz jutro w góry i przeprosisz go?" Następnego ranka chłopiec znów poszedł w góry i wykrzyknął: „Przepraszam za wczoraj! Może będziesz moim przyjacielem?" Otrzymał taką samą odpowiedź.

Mama pozwoliła, by chłopiec samodzielne zorientował się, co to było. Duch Święty pomaga nam w naszej podróży wiara tak jak matka.

Wydawanie owoców Ducha

Kiedy ziarno zostaje zasiane, kiełkuje, rośnie i kwitnic. Następnie pojawiają się owoce. Podobnie jest z ziarnem życia, które zaszczepione przez Boga, kiełkuje dzięki Duchowi Świętemu, a następnie wzrasta i wydaje owoc. Jednakże, nie każdy kto otrzymał Ducha Świętego wydaje owoce Ducha Świętego.

Możemy wydawać owoce Ducha tylko wtedy, gdy postępujemy zgodnie z Jego wskazówkami.

Ducha Świętego można porównać do generatora prądu. Prąd pojawi się tylko wtedy, gdy generator zostanie uruchomiony. Jeśli generator jest podłączony do żarówki i dostarcza prądu, żarówka będzie świecić. Kiedy następuje światłość, ciemność znika. Tak samo, kiedy Duch Święty w nas działa, ciemność odchodzi, ponieważ zastępuje ją światłość. Wtedy możemy wydawać owoce Ducha Świętego.

Jest jedna ważna kwestia. Aby żarówka mogła świecić, podłączenie jej do generatora nie wystarczy. Ktoś musi uruchomić generator. Bóg dał nam generator w postaci Ducha Świętego, ale to my musimy go uruchomić.

Abyśmy potrafili uruchomić generator, którym jest Duch Święty, musimy być czujni i gorliwie się modlić. Musimy być posłuszni wskazówkom Ducha Świętego, by postępować zgodnie z prawdą. Kiedy postępujemy zgodnie ze wskazówkami Ducha Świętego, postępujemy zgodnie z Jego pragnieniami. Będziemy pełni Ducha Świętego, a nasze serca zmienią się dzięki prawdzie. Będziemy wydawać owoce Ducha Świętego, kiedy On w pełni w nasz zamieszka.

Kiedy odrzucimy naszą grzeszną naturę i będziemy pielęgnować serce duchowe dzięki pomocy Ducha Świętego, zaczniemy też wydawać owoce Ducha Świętego. Podobnie jednak jak poziom dojrzałości oraz rozmiary winogron na gałęzi są różne, niektóre owoce Ducha, które będziemy wydawać będą w pełni dojrzałe, a inne nie. Możemy wydawać w obfitości owoc miłości, podczas gdy owoc wstrzemięźliwości nie będzie jeszcze w pełni dojrzały, Kiedy owoc wiary będzie w pełni dojrzały, owoc uprzejmości może nie być.

Niemniej jednak, z upływem czasu, każde grono dojrzewa w pełni, a na całej gałęzi widoczne są duże fioletowe owoce. Podobnie, jeśli wydajemy w pełni wszystkie owoce Ducha Świętego, oznacza to, że osiągnęliśmy pełnię ducha i staliśmy się prawdziwymi dziećmi Boga. Tacy ludzie będą świadczyć o Jezusie w każdym aspekcie swojego życia. Będą słyszeć głos Ducha Świętego i manifestować Jego moc, aby oddawać chwałę Bogu. Ponieważ ich charakter będzie podobny do charakteru Jezusa, będą mogli zamieszkać w Nowym Jeruzalem, gdzie znajduje się tron Boga.

Pragnienia Ducha i pragnienia ciała

Kiedy pragniemy postępować zgodnie z wolą Ducha Świętego, pragnienia ciała mogą często być przeszkodą. Pragnienia ciała sprawiają, iż postępujemy fałszywie, sprzeciwiając się Słowu Boga. Ulegamy wtedy pożądliwości ciała, oczu i pysze życia. Sprawiają, iż popełniamy grzechy i postępujemy niesprawiedliwie i bezprawnie.

W ostatnim czasie, przyszedł do mnie mężczyzna i poprosił, abym się za niego modlił, ponieważ nie umiał sobie poradzić ze swoim nałogiem: oglądał pornografię. Powiedział, że kiedy po raz pierwszy zaczął oglądać takie filmy, nie robił tego dla przyjemności, ale po to, by sprawdzić, jaki wpływ na człowieka mają takie treści. Jednak kiedy obejrzał pierwszy film, później ciągle pojawiały się w jego głowie obrazy i chciał zobaczyć je ponownie. Duch Święty działał na niego, dlatego nie potrafił sobie z tym poradzić.

Serce tego człowieka zostało zanieczyszczone z powodu pożądliwości oczu – rzeczy, które widział oczami i słyszał uszami. Jeśli nie odrzucimy pożądliwości ciała, lecz będziemy ją akceptować, będziemy niewierni najpierw w jednej rzeczy, a później w dwóch, trzech i więcej. Liczba będzie wzrastać.

W Liście do Galatów 5,16-18 napisano: „Oto, czego uczę: postępujcie według ducha, a nie spełnicie pożądania ciała. Ciało bowiem do czego innego dąży niż duch, a duch do czego innego niż ciało, i stąd nie ma między nimi zgody, tak że nie czynicie tego, co chcecie. Jeśli jednak pozwolicie się prowadzić duchowi, nie znajdziecie się w niewoli Prawa."

Z jednej strony, kiedy postępujemy zgodnie z wolą Bożą, mamy pokój w sercu, a Duch Święty raduje się. Z drugiej strony, jeśli postępujemy zgodnie z pożądliwościami ciała, nasze serce jest utrudzone, ponieważ działa na nas Duch Święty. Ponadto, tracimy pełnię ducha i coraz trudniej będzie nam postępować zgodnie z wolą Ducha Świętego.

W Liście do Rzymian 7,22-24 Paweł napisał: „Albowiem wewnętrzny człowiek [we mnie] ma upodobanie zgodne z Prawem Bożym. W członkach zaś moich spostrzegam prawo inne, które toczy walkę z prawem mojego umysłu i podbija mnie w niewolę pod prawo grzechu mieszkającego w moich członkach. Nieszczęsny ja człowiek! Któż mnie wyzwoli z ciała, [co wiedzie ku] tej śmierci? Dzięki niech będą Bogu przez Jezusa Chrystusa, Pana naszego!" W zależności od tego, czy postępujemy zgodnie z Duchem Świętym czy pożądliwościami ciała, możemy być dziećmi Boga i zyskać zbawienie lub być dziećmi ciemności, które kroczą drogą śmierci.

W Liście do Gal. 6,8 czytamy: „Bóg nie dozwoli z siebie szydzić. A co człowiek sieje, to i żąć będzie: kto sieje w ciele swoim, jako plon ciała zbierze zagładę; kto sieje w duchu, jako plon ducha zbierze życie wieczne." Jeśli postępujemy zgodnie z pożądliwościami ciała, nasze uczynki będą uczynkami ciała, czyli będą pełne grzechu i bezprawia tak, że nie będziemy mogli wejść do Królestwa Niebieskiego (Gal. 5,19-21). Jednak jeśli postępujemy zgodnie z wolą Ducha Świętego, będziemy wydawać owoce Ducha (Gal. 5,22-23).

Nie zatracajmy serca w czynieniu dobra

Wydawanie owoców Ducha Świętego i wybranie drogi prawdziwych dzieci Boga jest wynikiem wiary i postępowania zgodnie z Duchem Świętym. Jednakże serce człowieka zawiera prawdę i fałsz. Prawda prowadzi nas tak, że postępujemy zgodnie z Duchem Świętym i żyjemy zgodnie ze Słowem Bożym. Fałsz sprawia, iż postępujemy zgodnie z pożądliwościami ciała i żyjemy w ciemności.

Na przykład, zachowywanie świętego dnia Pańskiego jest jednym z Dziesięciu Przykazań, które Bóg dał swoim dzieciom. Osoba wierzące, która prowadzi sklep i ma słabą wiarę, może mieć w swoim sercu konflikt ze względu na straty, jakie przyniesie zamknięcie sklepu w niedzielę. Pożądliwości ciała sprawiają, iż pojawiają się myśli: „A może zamknę tylko w co drugą niedzielę? A może będę chodzić na nabożeństwa poranne, a moja żona na nabożeństwa wieczorne i będziemy zmieniać się w sklepie." Jednak wola Ducha Świętego prowadzi człowieka tak, że jest posłuszny Słowu Bożemu i daje zrozumienie: „Jeśli będę przestrzegać Dnia Pańskiego, Bóg będzie mi bardziej błogosławić niż gdybym miał otwarte w niedzielę."

Duch Święty pomaga nam w naszych słabościach i przyczynia się do tego, że trzymamy się słowa (Rzym. 8,26). Kiedy praktykujemy prawdę, trzymając się Ducha Świętego, będziemy mieć pokój w sercu, a nasza wiara będzie wzrastać każdego dnia.

Słowo Boże zapisane w Biblii jest prawdą, która nigdy się nie zmienia. Jest dobrocią samą w sobie. Daje życie wieczne dzieciom Bożym i jest światłością, która daje wieczną radość i szczęścia. Boże dzieci, prowadzone przez Ducha Świętego powinny ukrzyżować swoje ciała wraz z ich pożądliwościami. Powinni postępować zgodnie z wolą Ducha Świętego według Słowa Bożego i nie zatracać serc w czynieniu dobra.

W Mat. 12,35 czytamy: „Dobry człowiek z dobrego skarbca wydobywa dobre rzeczy, zły człowiek ze złego skarbca wydobywa złe rzeczy." Dlatego musimy odrzucić zło z serca poprzez gorliwe modlitwy i dobre uczynki.

W Liście do Gal. 5,13-15 napisano: „Wy zatem, bracia, powołani zostaliście do wolności. Tylko nie bierzcie tej wolności jako zachęty do hołdowania ciału, wręcz przeciwnie, miłością ożywieni służcie sobie wzajemnie! Bo całe Prawo wypełnia się w tym jednym nakazie: Będziesz miłował bliźniego swego jak siebie samego. A jeśli u was jeden drugiego kąsa i pożera, baczcie, byście się wzajemnie nie zjedli." Natomiast w Liście do Gal. 6,1-2 czytamy: „Bracia, a gdyby komu przydarzył się jaki upadek, wy, którzy pozostajecie pod działaniem Ducha, w duchu łagodności sprowadźcie takiego na właściwą drogę. Bacz jednak, abyś i ty nie uległ pokusie. Jeden drugiego brzemiona noście i tak wypełniajcie prawo Chrystusowe."

Kiedy postępujemy zgodnie ze Słowem Boga, będziemy wydawać owoce Ducha Świętego w obfitości i staniemy się ludźmi ducha. Otrzymamy wszystko, o co prosimy w modlitwach i wejdziemy do Nowego Jeruzalem, być żyć na wielu w Królestwie Niebieskim.

1 Jan 4,7-8

„Umiłowani, miłujmy się wzajemnie, ponieważ miłość jest z Boga, a każdy, kto miłuje, narodził się z Boga i zna Boga. Kto nie miłuje, nie zna Boga, bo Bóg jest miłością."

Rozdział 2

Miłość

Najwyższy poziom duchowej miłości
Miłość cielesna zmienia się z upływem czasu
Miłość duchowa poświęca własne życie
Prawdziwa miłość w stosunku do Boga
Wydawanie owocu miłości

Miłość

Miłość jest potężniejsza niż ludzie zdają sobie sprawę. Dzięki mocy miłości, można ocalić tych, którzy mogliby zginąć, ponieważ podążają ścieżką śmierci. Miłość może dać nową siłę i zachętę. Jeśli zakryjemy winy innych miłością, zaczną dziać się niezwykłe rzeczy. Ludzie doświadczą błogosławieństw dobroci, miłości, prawdy i sprawiedliwości.

Pewien zespół badawczy w dziedzinie socjologii przeprowadziła badanie na 200 studentach, którzy mieszkali w dość biednej okolicy w Baltimore. Zespół doszedł do wniosku, że ci studenci mieli niewielkie szanse i nadzieje na sukces. Jednak 25 później przeprowadzili badanie kontrolne na tych samych studentach i wyniki okazały się niesamowite. 176 z 200 osób odniosło sukces jako prawnicy, lekarze, mówcy lub biznesmani. Oczywiście naukowcy zapytali ich, jak byli w stanie pokonać tak trudne okoliczności. Wszyscy ci ludzie wspomnieli nazwisko pewnego nauczyciela. Kiedy zapytano nauczyciela, jak udało mu się wywrzeć tak olbrzymi wpływ na tych młodych ludzi, odpowiedział: „Po prostu ich kochałem, a oni o tym wiedzieli."

Czym jest miłość, pierwszy z dziewięciu owoców Ducha Świętego?

Najwyższy poziom duchowej miłości

Ogólnie miłość można podzielić na miłość cielesną i miłość

duchową. Miłość cielesna szuka własnych korzyści. Nie ma głębszego sensu i zmienia się w upływem czasu. Miłość duchowa szuka korzyści innych i nigdy się nie zmienia bez względu na sytuację. W 1 Kor. 13 rozdziale znajdujemy szczegółowy opis miłości duchowej.

„Miłość cierpliwa jest, łaskawa jest. Miłość nie zazdrości, nie szuka poklasku, nie unosi się pychą; nie dopuszcza się bezwstydu, nie szuka swego, nie unosi się gniewem, nie pamięta złego; nie cieszy się z niesprawiedliwości, lecz współweseli się z prawdą. Wszystko znosi, wszystkiemu wierzy, we wszystkim pokłada nadzieję, wszystko przetrzyma" (w. 4-7).

Czym w takim razie różni się owoc miłości z Gal. 5 od miłości duchowej opisanej w 1 Kor. 13? Miłość jako owoc Ducha Świętego obejmuje miłość pełną poświęcenia, w ramach której człowiek gotowy jest poświęcić własne życie. To miłość na wyższym poziomie niż ta opisana w 1 Kor. 13. To najwyższy poziom duchowej miłości.

Jeśli wydajemy owoc miłości i potrafimy poświęcić swoje życie za innych, jesteśmy w stanie kochać wszystkich i wszystko. Bóg i Jezus kochają nas z całego serca. Jeśli mamy w sobie taką miłość, możemy poświęcić swoje życie dla Boga, Jego królestwa i Jego sprawiedliwości. Co więcej, ponieważ kochamy Boga, posiadamy miłość na najwyższym poziomi i potrafimy oddać swoje życie za innych, nawet za wrogów, którzy nas nienawidzą.

W 1 Jana 4,20-21 czytamy: „Jeśliby ktoś mówił: Miłuję Boga, a brata swego nienawidził, jest kłamcą, albowiem kto nie miłuje brata swego, którego widzi, nie może miłować Boga, którego nie widzi. Takie zaś mamy od Niego przykazanie, aby ten, kto miłuje Boga, miłował też i brata swego." Jeśli kochamy Boga, kochamy wszystkich ludzi. Jeśli mówimy, że kochamy Boga, a mamy kogoś w nienawiści, wypowiadamy kłamstwo.

Miłość cielesna zmienia się z upływem czasu

Kiedy Bóg stworzył pierwszego człowieka Adama, kochał go miłością duchową. Uczynił piękny ogród na wschodzie – ogród Eden i pozwolił człowiekowi tam zamieszkać. Człowiekowi nie brakowało tam niczego. Bóg chodził z nim. Dał mu nie tylko Ogród Eden, który był wspaniałym miejscem na mieszkanie, ale również władzę nad wszystkim na ziemi.

Bóg dał Adamowi obfitość miłości duchowej. Jednak Adam nie czuł w pełni miłości Bożej. Nigdy nie doświadczył nienawiści ani miłości cielesnej, która się zmienia, więc nie był świadomy, jak niczwykle cenna jest miłość Boża. Po długim czasie, Adam został zwiedziony przez węża i sprzeciwił się słowu Bożemu. Zjadł owoc z zakazanego drzewa (Ks. Rodz. 2,17; 3,1-6).

W rezultacie, grzech zamieszkał w sercu Adama i Adam stał się człowiekiem ciała, który nie potrafił już komunikować się z Bogiem. Nie mógł już mieszkać w Ogrodzie Eden i został wygnany na ziemię. Ludzie (Ks. Rodz. 3,23), którzy byli potomkami Adama, doświadczyli przeciwieństw miłości: nienawiści, zazdrości, bólu, smutku, choroby i ran. Oddalili się również od ideały duchowej miłości. Ich serca wypełniły się tym, co cielesne z powodu grzechu, więc również ich miłość stała się miłością cielesną.

Od czasu upadku Adam minęło wiele czasu, a również dzisiaj trudno jest znaleźć miłość duchową na tym świecie. Ludzie wyrażają swoją miłość na różne sposoby, jednak ich miłość jest miłością cielesną, która zmienia się z czasem. Mija czas, zmieniają się okoliczności, ludzie zmieniają zdanie, zdradzając swoich ukochanych dla własnych korzyści. Dają tylko wtedy, gdy otrzymują lub kiedy ma to dla nich korzyści. Jeśli pragniecie otrzymać tyle, ile ofiarowaliście, lub jeśli jesteście rozczarowani, jeśli inni was nie obdarowują, macie w sobie miłość cielesną.

Kiedy mężczyzna i kobieta spotykają się, często obiecują sobie, że będą się kochać na wieki oraz mówią, że nie potrafią bez siebie żyć. Jednak w wielu przypadkach zmienia się to, kiedy biorą ślub. Z upływem czasu widzą rzeczy, które nie podobają im się w ich małżonku. Kiedyś wszystko wyglądało idealnie i starali się uszczęśliwiać drugą osobę, jednak nie potrafią już tego robić. Utrudniają sobie życie. Denerwują się, kiedy małżonek nie robi tego, co chcą. Kilka lat temu rozwody były rzadkością, a teraz ludzie rozwodzą się bez zastanowienia i biorą ślub z kimś innym, za każdym razem powtarzając, że naprawdę kochają tę drugą osobę. To typowe dla miłości cielesnej.

Miłość między rodzicami a dziećmi niewiele się różni. Oczywiście, niektórzy rodzice oddaliby swoje życie za swoje dzieci, ale nawet jeśli są gotowi to uczynić, nie świadczy to o miłości duchowej, skoro potrafią taką miłość okazywać tylko swoim dzieciom. Jeśli mamy miłość duchową, potrafimy okazywać ją nie tylko swoim dzieciom, ale wszystkim. Świat staje się coraz gorszy i rzadko zdarzają się rodzice, którzy potrafią życie poświęcić dla swoich dzieci. Między wieloma rodzicami i dziećmi jest wrogość z powodów finansowych lub niezgodności opinii.

A jak wygląda miłość między rodzeństwem lub przyjaciółmi? Wielu braci jest do siebie wrogo nastawionych ze względów finansowych. To samo ma miejsce wśród przyjaciół. Kochają się, jeśli wszystko jest w porządku i zgadzają się ze sobą. Jednak ich miłość szybko się zmienia, gdy coś się dzieje. W wielu przypadkach ludzie chcą otrzymać tyle, ile ofiarowują. Kiedy są oddani, być może dają, nie oczekując zwrotu, jednak kiedy emocje stygną, żałują, że dali, nie otrzymując nic w zamian. Oznacza to, że czegoś oczekiwali. To jest miłość cielesna.

Miłość duchowa poświęca własne życie

Bardzo poruszające jest to, gdy ktoś oddaje życie za inną osobę. Jednak, jeśli wiemy, że będziemy musieli oddać za kogoś życie, trudno kochać taką osobę. Miłość ludzka jest bardzo ograniczona. Był pewien król, który miał syna. W jego królestwie złapano seryjnego mordercę i skazano go na śmierć. Jedyną metodą, by skazaniec mógł przeżyć było to, być ktoś niewinny oddał za niego życie. Czy król mógłby oddać swojego syna, by umarł za mordercę? Coś takiego nigdy nie miało miejsca w historii ludzkości. Jednak Bóg Stworzyciel, którego nie można porównywać z żadnym królem ziemskim, oddał Swojego ukochanego Syna za nas. Tak bardzo nas kocha (Rzym. 5,8).

Z powodu grzechu Adama, wszyscy ludzie podążają drogą śmierci, by zapłacić za grzech. Dla ocalenie rodzaju ludzkiego, problem grzechu musiał zostać rozwiązany. Aby rozwiązać ten problem, który stał między Bogiem a człowiekiem, Bóg posłał Swojego Jedynego Syna Jezusa, by zapłacił cenę za ludzki grzech.

W Gal. 3,13 czytamy: „Przeklęty każdy, którego powieszono na drzewie." Jezus został powieszony na drewnianym krzyżu, aby wyzwolić nas od przekleństwa zakonu, bo „karą za grzech jest śmierć" (Rzym. 6,23). Ponieważ nie ma przebaczenia bez przelewu krwi (Hebr. 9,22), Jezus przelał swoją krew. Jezus przyjął na siebie karę każdego, kto w Niego wierzy tak, by nasze grzechy mogły zostać przebaczone i byśmy mogli zyskać wieczne życie.

Bóg wiedział, że grzesznicy będą prześladować i wyśmiewać, a w końcu ukrzyżują Jezusa, który jest Synem Bożym. Aby ocalić grzeszny rodzaj ludzki, skazany na wieczną śmierć, Bóg posłał na ziemię Jezusa.

W 1 Jana 4,9-10 czytamy: „W tym objawiła się miłość Boga ku nam, że zesłał Syna swego Jednorodzonego na świat, abyśmy życie mieli dzięki Niemu. W tym przejawia się miłość, że nie my umiłowaliśmy Boga, ale że On sam nas umiłował i posłał Syna swojego jako ofiarę przebłagalną za nasze grzechy."

Bóg potwierdził swoją miłość do nas, ofiarowując swojego jedynego Syna Jezusa, by został powieszony na krzyżu. Jezus okazał swoją miłość do nas, poświęcając swoje życie, by zbawić rodzaj ludzki od grzechu. Taka miłość Boża, ukazana poprzez oddanie swojego Syna, to miłość niezmienna, która poświęca życie.

Prawdziwa miłość w stosunku do Boga

Czy możemy posiąść taką miłość? W 1 Jana 4,7-8 czytamy: „Umiłowani, miłujmy się wzajemnie, ponieważ miłość jest z Boga, a każdy, kto miłuje, narodził się z Boga i zna Boga. Kto nie miłuje, nie zna Boga, bo Bóg jest miłością."

Gdybyśmy byli świadomi, nie tylko dzięki wiedzy, ale dzięki uczuciu w sercu, jaką miłość Bóg ma do nas, kochalibyśmy Go z całego serca. W naszym chrześcijańskim życiu nieraz stawiamy czoła trudnościom lub sytuacjom, gdzie tracimy to, co posiadamy, to, co dla nas cenne. Nawet wtedy, nasze serca nie będą drżały, ponieważ będziemy wiedzieć, jaką miłością kocha nas Bóg.

Prawie straciłem trzy moje ukochane córki. Ponad 30 lat temu w Korei, większość ludzi ogrzewała swoje domy węglem. Tlenek węgla nieraz był powodem wypadków. Miało to miejsce zaraz po otwarciu kościoła. Mieszkaliśmy w piwnicy kościoła. Moje trzy córki i jeszcze jeden młody mężczyzna zatruli się tlenkiem węgla. Całą noc wdychali truciznę i wydawało się, że nie ma już dla nich ratunku.

Kiedy patrzyłem na moje nieprzytomne córki, nie byłem smutny ani nie narzekałem. Byłem wdzięczny, ponieważ wiedziałem, że będą miały spokojne życie w niebie bez łez, cierpienie i bólu. Jednak ponieważ ten młody mężczyzna był członkiem kościoła, prosiłem Boga, by ożywił go tak, aby mężczyzna nie przyniósł hańby Bogu. Położyłem na nim ręce i modliłem się. Modliłem się również za moją najmłodszą córkę. Kiedy modliłem się, młody człowiek odzyskał przytomność. Kiedy modliłem się o średnią córkę, najmłodsza odzyskała przytomność. Wkrótce moja średnia i najstarsza córka również odzyskały przytomność. Nie cierpiały z powodu żadnych konsekwencji i aż do dziś są zdrowe. Wszystkie trzy pełnią służbę pastorską w kościele.

Jeśli kochamy Boga, nasza miłość nie zmieni się bez względu na sytuację. Otrzymaliśmy miłość Bożą w postaci poświęcenie Jego jedynego Syna, dlatego nie mamy powodu, by wątpić w Jego miłość. Możemy kochać Go bezwarunkowo. Możemy w pełni ufać w Jego miłość i być Mu wiernymi z całego serca.

Takie nastawienie będzie nam towarzyszyć również w stosunku do innych ludzi. W 1 Jana 3,16 czytamy: „Po tym poznaliśmy miłość, że On oddał za nas życie swoje. My także winniśmy oddać życie za braci." Jeśli prawdziwie kochamy Boga, będziemy również prawdziwie kochać naszych bliźnich. Nie będziemy szukać własnych korzyści, chętnie oddamy to, co mamy i nie będziemy żądać niczego w zamian. Poświęcimy się z czystą motywacją i chętnie oddamy to, co mamy innym ludziom.

Przeszedłem w swoim życiu przez wiele prób. Byłem zdradzony przez ludzi, którzy wiele ode mnie otrzymali, lub przez takich, których traktowałem jak rodzinę. Czasami ludzie nie rozumieją mnie i wytykają mnie palcami.

Niemniej jednak traktuję ich dobrze. Wszystko poświęciłem w ręce Boga i modlę się, aby im wybaczył w Swojej miłości i łasce. Nie odczuwam nienawiści, ponieważ sprawiali mi przykrość lub opuścili kościół. Chcę, aby żałowali i nawrócili się. Kiedy ludzie postępują źle, jest mi ciężko. Jednak chcę okazywać im dobroć, ponieważ wierzę, że Bóg mnie kocha oraz ponieważ ja kocham ich miłością od Boga.

Wydawanie owocu miłości

Możemy w pełni wydawać owoc miłości, jeśli uświęcimy nasze serca poprzez odrzucenie grzechu, zła i bezprawia. Prawdziwa miłość może wypływać tylko z serca, w którym nie ma zła. Jeśli posiadamy prawdziwą miłość, dajemy innym pokój i nie utrudniamy im życia. Okazujemy zrozumienie oraz służymy innym. Będziemy dawać innym radość i pomagać im tak, by mogli znaleźć się w Królestwie Niebieskim.

W Biblii widzimy, jaką miłość posiadali ojcowie wiary. Mojżesz kochał naród izraelski tak bardzo, iż pragnął ich ocalić nawet kosztem swojego życia wiecznego (Ks. Wyjścia 32,32).

Apostoł Paweł ukochał Pana z całego serca od momentu ich spotkania. Był bity I wtrącony do więzienia. Stał się apostołem pogan, ocalił wiele dusz i założył wiele kościołów podczas swoich podróży misyjnych. Mimo, iż jego życie było wyczerpujące i pełne cierpienia, głosił ewangelię o Jezusie aż do swojej męczeńskiej śmierci w Rzymie.

Apostoł Paweł ciągle doświadczał prześladowań i gróźb ze strony Żydów. Kiedy rozbił się jego statek, musiał przez wiele dni i nocy dryfować po morzu. Nigdy jednak nie żałował drogi, którą wybrał. Martwił się o kościół i innych wierzących, a nie o siebie mimo, iż musiał pokonywać tyle przeszkód.

W 2 Kor. 11,28-29 wyraża swoje uczucia w następujący sposób: „Nie mówiąc już o mojej codziennej udręce płynącej z troski o wszystkie Kościoły. Któż odczuwa słabość, bym i ja nie czuł się słabym? Któż doznaje zgorszenia, żebym i ja nie płonął?"

Apostoł Paweł nie dbał o swoje życie, ponieważ kochał innych. Jego wielka miłość wyrażona jest również w Rzym. 9,3: „Wolałbym bowiem sam być pod klątwą [odłączony] od Chrystusa dla [zbawienia] braci moich, którzy według ciała są moimi rodakami." Słowa „moi bracia" nie oznaczają rodziny lub krewnych. Odnoszą się do Żydów, którzy go prześladowali.

Wolał trafić zamiast nich do piekła tylko po to, by ocalić ich dusze. To jest prawdziwa miłość. W Jan 15,13 napisano: „Nikt nie ma większej miłości od tej, gdy ktoś życie swoje oddaje za przyjaciół swoich." Apostoł udowodnił, iż posiadał taki właśnie rodzaj miłości, umierając śmiercią męczeńską.

Niektórzy twierdzą, iż kochają Jezusa, ale nie kochają swoich braci w wierze. Nie są oni ich wrogami ani nie czyhają na ich życie. Jednak pielęgnują niezgodę i negatywne uczucia w stosunku do nich z błahych względów. Nawet kiedy czynią dzieła Boże, żywią negatywne uczucia w stosunku do ludzi, z którymi pracują z powodu odmienności opinii. Inni z kolei są niewrażliwi na swoich braci, którzy obumierają w wierze. Czy można powiedzieć, że tacy ludzie kochają Boga?

Pewnego razu przemawiałem do zgromadzenia. Powiedziałem: „Jeśli mogę ocalić tysiąc dusz, chętnie pójdę zamiast nich do piekła." Oczywiście jestem świadomy, czym jest piekło. Nigdy nie zrobię niczego, co sprawiłoby, że musiałbym tam trafić. Jednak jeśli mogę ocalić dusze, które skazane są na piekło, chętnie to uczynię."

Ten tysiąc dusz to mogą być członkowie naszego kościoła. Mogą to być liderzy lub członkowie, którzy nie wybierają prawdy, lecz podążają drogą śmierci pomimo, iż znają prawdę i byli świadkami cudownych dzieł Bożych. Mogą to być ludzie, którzy będą prześladować kościół z powodu niezrozumienia pewnych kwestii lub zazdrości. Lub mogą to być biedni ludzie w Afryce, którzy umierają z głodu z powodu wojny domowej, głodu lub nędzy.

Tak, jak Jezus umarł za mnie, ja również mogę oddać życie za innych. Nie dlatego, że miłość jest moim obowiązkiem, ponieważ Słowo Boże nakazuje nam kochać. Oddaje swoje życie i energię każdego dnia, ponieważ kocham ich bardziej niż swoje życie – nie tylko słowami. Poświęciłem swoje życie, ponieważ wiem, że jest to pragnieniem Boga Ojca, który ukochał mnie.

Często zastanawiam się, jak mogę głosić ewangelię w innych miejscach. Jak mogę manifestować dzieła Boże tak, by ludzie uwierzyli. Jak mogę pomóc im zrozumieć bezsens tego świata i prowadzić ich do Królestwa Bożego?

Spójrzmy na swoją przeszłość, aby zobaczyć, ile miłości Bóg

wpisał w nasze serca. To miłość, która sprawiła, iż oddał Swojego jedynego Syna. Jeśli jesteśmy pełni Jego miłości, będziemy kochać Boga i ludzi z całego serca. To jest prawdziwa miłość. Jeśli pielęgnujemy taką miłość, będziemy mogli zamieszkać w Nowym Jeruzalem, które jest krystaloidem miłości. Mam nadzieję, że każdy z was posiądzie możliwość, by dzielić się miłością z Bogiem Ojcem i Panem na wieki.

Fil. 4,4

„*Radujcie się zawsze w Panu; jeszcze raz powtarzam: radujcie się!!*"

Przeciwko takim rzeczom nie ma zakonu

Rozdział 3

Radość

Owoc radości
Powód, dla którego znika radość pierwszej miłości
Kiedy rodzi się duchowa radość
Jeśli pragniecie wydawać owoc radości
Żałoba po wydaniu owocu radości
Bądź pozytywny i postępuj dobrze we wszystkich aspektach życia

Radość

Śmiech łagodzi stres, gniew i napięcie, tym samym więc przyczynia się do zapobiegania zawałom serca oraz nagłej śmierci. Poprawia odporność organizmu, więc wpływa pozytywnie na zapobieganie infekcjom, grypie lub takim chorobom jak choroby nowotworowe lub choroby związane z nieprawidłowym stylem życia. Śmiech z pewnością ma pozytywny wpływ na nasze zdrowie. Bóg również mówi nam, abyśmy się radowali. Niektórzy zastanawiają się, w jaki sposób mają się radować skoro nie ma z czego. Jednak ludzie wiary mogą radować się w Panu, ponieważ wierzą, że Bóg pomoże im znaleźć wyjście z wszelkich problemów i będą mogli żyć w Królestwie Niebieskim, ciesząc się wiecznym życiem.

Owoc radości

Radość jest „intensywnym i szczególnie ekstatycznym rodzajem szczęścia." Duchowa radość nie oznacza bycia szczególnie szczęśliwym. Nawet osoby niewierzące cieszą się, kiedy coś idzie po ich myśli, jednak jest to tylko czasowe. Ich radość znika, kiedy pojawiają się trudności. Jednak, jeśli wydajemy owoc radości w naszym sercu, będziemy w stanie radować się w każdej sytuacji.

W 1 Tes. 5,16-18 czytamy: „Zawsze się radujcie, nieustannie się módlcie! W każdym położeniu dziękujcie, taka jest bowiem wola Boża w Jezusie Chrystusie względem was." Duchowa radość polega na tym, by radować się i być wdzięcznym bez względu na okoliczności. Radość jest jedną z najbardziej oczywistych i wyraźnych kategorii, dzięki której można stwierdzić, jakie życie chrześcijańskie prowadzimy.

Niektórzy ludzie wierzący idą drogą Pana z radością i szczęściem, podczas gdy inni nie posiadają prawdziwe radości i nie potrafią okazywać wdzięczności, nawet jeśli bardzo się starają. Chodzą na nabożeństwa, modlą się i wypełniają kościelne obowiązki, jednak czynią to bez wzruszenia. Jeśli napotykają na jakiś problem, tracą pokój, a w ich sercach zaczyna gościć nerwowość.

Jeśli jest problem, którego nie jesteś w stanie rozwiązać własną siłą, powinieneś sprawdzić, czy w głębi serca posiadasz radość. W takiej sytuacji, dlaczego nie spojrzysz w lustro? Możesz zobaczyć, w jaki stopniu wydajesz owoc radości. Łaska Jezusa, która daje nam zbawienie poprzez Jego krew jest wystarczającym powodem do radości w każdym czasie. Byliśmy skazani na śmierć, jednak dzięki krwi Jezusa możemy żyć na wieki w niebie w szczęściu i pokoju. Samo to powinno stanowić powód do nieopisanej radości.

Po wyjściu z Egiptu, synowie izraelscy przeszli przez Morze Czerwone suchą nogą i zostali uwolnieni z niewoli egipskiej mimo, iż ścigała ich armia. Jakże się radowali! Szczęśliwe kobiety tańczyły, a całym lud wysławiał Boga (Ks. Wyj. 15,19-20).

Podobnie, kiedy człowiek przyjmuje Pana Jezusa, czuje niezmierną radość ze swojego zbawienia i pragnie śpiewać i chwalić Pana nieustannie, nawet jeśli jest zmęczony po całym dniu pracy. Nawet jeśli jest prześladowany w imieniu Jezusa lub cierpi bez przyczyny, jest szczęśliwy, myśląc o królestwie Bożym. Jeśli ma w sercu taką radość, będzie w stanie wydawać owoc radości.

Powód, dla którego znika radość pierwszej miłości

Jednakże w rzeczywistości niewielu ludzi zachowuje radość pierwszej miłości. Czasami po przyjęciu Jezusa, radość znika, a ich uczucia związane z łaską zbawienia ulegają zmianie. W przeszłości, cieszyli się na samą myśl o Bogu, jednak później zaczynają lamentować i użalać się nad sobą z powodu trudności. Podobnie jak synowi izraelscy, którzy szybko zapomnieli o radości po przejściu przez Morze Czerwone i narzekali na Boga, sprzeciwiając się Mojżeszowi z byle przyczyny.

Skąd wynika taka zmiana? Taka zmiana jest skutkiem cielesności w sercu. Cielesność ma tutaj duchowe znaczenie. Odnosi się do natury i charakteru sprzecznego z duchowością. „Duchowość" to coś, co należy do Boga Stworzyciela. Jest piękna i nigdy się nie zmienia, podczas gdy cielesność nie ma nic wspólnego z Bogiem. Są to rzeczy, które znikają, niszczeją i mają koniec. Dlatego, wszystkie rodzaje grzechu, jak bezprawie, niesprawiedliwość i fałsz są cielesnością. Ci, którzy posiadają cechy cielesne tracą radość, która niegdyś w pełni wypełniała ich serca. Ponadto, ponieważ posiadają zmienną naturę, szatan wykorzystuje sytuację, by zmienić ich serca.

Apostoł Paweł był bity i został wtrącony do więzienia z powodu głoszenia ewangelii. Jednak modlił się i wielbił Boga, nie martwiąc się o nic. Wtedy przyszło trzęsienie ziemi i otworzyło drzwi więzienie. Przez tą sytuację, mógł głosić ewangelię niewierzącym. Nie stracił radości z powodu trudności, dlatego powiedział: „Radujcie się zawsze w Panu; jeszcze raz powtarzam: radujcie się! Niech będzie znana wszystkim ludziom wasza wyrozumiała łagodność: Pan jest blisko! O nic się już zbytnio nie troskajcie, ale w każdej sprawie wasze prośby przedstawiajcie Bogu w modlitwie i błaganiu z dziękczynieniem!" (Fil. 4,4-6)

Jeśli jesteś w trudnej sytuacji, jakbyś zbliżał się do krawędzi klifu, dlaczego nie modlisz się tak jak Paweł? Bóg pomoże ci i będzie działał na twoją korzyść, by ci błogosławić we wszystkim.

Kiedy rodzi się duchowa radość

Dawid walczył za swoje królestwo od czasów swojej młodości. Uczestniczył w wielu wojnach. Kiedy król Saul cierpiał z powodu złych duchów, Dawid grał mu na harfie. Nigdy nie sprzeciwił się królowi. Jednak Saul nie okazywał Dawidowi wdzięczności, lecz nienawidził go i był o niego zazdrosny. Ponieważ ludzie kochali Dawida, Saul bał się, że jego tron zostanie mu odebrany, dlatego próbował zgładzić Dawida.

W takiej sytuacji Dawid musiał uciekać. Aby ocalić życie w obcym kraju, musiał udawać, że jest szaleńcem. Jak czułbyś się na jego miejscu? Dawid nie był smutny, lecz radował się w Bogu. Miał wiarę, dlatego napisał ten piękny psalm.

„Psalm. Dawidowy. Pan jest
moim pasterzem, nie brak mi niczego.
Pozwala mi leżeć na zielonych pastwiskach.
Prowadzi mnie nad wody,
gdzie mogę odpocząć:
orzeźwia moją duszę.
Wiedzie mnie po właściwych ścieżkach
przez wzgląd na swoje imię.
Chociażbym chodził ciemną doliną,
zła się nie ulęknę, bo Ty jesteś ze mną.
Twój kij i Twoja laska są tym, co mnie pociesza.
Stół dla mnie zastawiasz wobec mych przeciwników;
namaszczasz mi głowę olejkiem; mój kielich jest przeobfity.
Tak, dobroć i łaska pójdą w ślad za mną przez
wszystkie dni mego życia
i zamieszkam w domu Pańskim po najdłuższe czasy."
(Psalm 23,1-6)

Życie Dawida było pełne cierni, jednak Dawid miał w sobie coś wspaniałego. Miał miłość i niezmienne zaufanie do Boga. Nic nie mogło odebrać mu radości wypływającej z głębi jego serca. Dawid był z pewnością człowiekiem, który wydawał owoc radości.

Przez około czterdzieści cztery lata odkąd przyjąłem Pana, nigdy nie straciłem radości mojej pierwszej miłości. Nadal codziennie odczuwam niesamowitą wdzięczność. Cierpiałem z powodu wielu chorób przez siedem lat, jednak Boża moc uzdrowiła mnie z wszystkiego. Natychmiast stałem się chrześcijaninem i zacząłem pracować na budowie. Miałem szansę na lepszą pracę, jednak wybrałem ciężką pracę, ponieważ dzięki temu mogłem zachowywać Dzień Święty.

Każdego ranka wstawałem o 4.00 rano i uczestniczyłem w spotkaniach modlitewnych. Następnie szedłem do pracy. Aby tam dotrzeć potrzebowałem ok. 1,5 h jazdy autobusem. Pracowałem od rana do wieczora i nie miałem dość czasu na odpoczynek. To była naprawdę ciężka praca. Nigdy wcześniej nie pracowałem fizycznie, a co gorsza po tak długiej chorobie, naprawdę nie było to dla mnie łatwe.

Wracałem ok. 10.00 wieczorem. Myłem się, jadłem obiad, czytałem Biblię i modliłem się. Szedłem spać około północy. Moja żona pracowała jako akwizytor, aby zarobić trochę pieniędzy, ponieważ trudno było nam spłacić długi, które nazbierały się przez okres mojej choroby. Dosłownie, ledwie wiązaliśmy koniec z końcem. Mimo, iż byłem w trudnej sytuacji finansowej, moje serce było pełne radości i zawsze kiedy miałem okazję głosiłem ewangelię.

Mówiłem: „Bóg żyje! Patrzcie na mnie! Czekałem już tylko na śmierć, a Bóg w swojej mocy uzdrowił mnie i jestem zdrowy!"

Rzeczywistość była trudna, a finanse stanowiły dla nas wyzwanie, jednak zawsze byłem wdzięczny za miłość Bożą, która ocaliła mnie od śmierci. Moje serce było pełne nadziei na niebo. Kiedy przyjąłem powołanie od Boga, aby zostać pastorem, cierpiałem z powodu wielu niesprawiedliwości i trudności, z którymi człowiekowi trudno sobie poradzić, jednak moja radość i wdzięczność nie osłabły.

Jak to możliwe? Ponieważ wdzięczność w moim sercu się pomnażała. Zawsze szukam rzeczy, za które mogę być wdzięczny Bogu, za które mogę zanosić dziękczynne modlitwy. Oprócz dziękczynienia, które zanosiłem Bogu podczas nabożeństwa, dziękowałem również za inne rzeczy. Dziękowałem za członków kościoła, których wiara wzrastała. Oddawałem chwałę Bogu za pomyślność zagranicznych misji. Dziękowałem za wzrost kościoła i cieszyłem się tym, że mogę to robić.

Tak więc Bóg dawał mi błogosławieństwa i łaskę tak, że stale miałem Mu za co dziękować. Gdybym był wdzięczny tylko wtedy, gdy wszystko dobrze się układało, a narzekał, jeśli coś jest nie tak, nie miałbym takiej radości w sercu, jaką mam teraz.

Jeśli pragniecie wydawać owoc radości

Najpierw, powinniście odrzucić to, co cielesne.

Jeśli nie mamy w sobie zazdrości, będziemy radować się, kiedy inni otrzymują pochwały lub błogosławieństwa tak, jakbyśmy sami je otrzymywali. Natomiast, trudno będzie nam patrzeć na dobrobyt innych, jeśli pielęgnujemy w sercu zazdrość. Być może żywimy negatywne uczucia w stosunku do innych ludzi lub tracimy radość i czujemy się zniechęceni, ponieważ czujemy się gorsi od innych.

Ponadto, jeśli nie mamy w sercu gniewu i nienawiści, będziemy mieć pokój nawet, gdy zostaniemy niewłaściwie potraktowani lub poniesiemy szkodę. Jeśli czujemy się rozgniewani oznacza to, że mamy w sobie to, co cielesne. Jeśli dbamy tylko o swoje własne korzyści, będziemy czuć się źle, kiedy cierpimy bardziej niż inni.

Ponieważ posiadamy cechy cielesne, wróg pobudza naszą cielesną naturę, aby wywołać sytuacje, w ramach których nie będziemy mogli się radować. W zależności od tego, jak wiele w nas cielesności, nie możemy mieć duchowej wiary i będziemy ciągle się martwić, nie potrafiąc polegać na Bogu. Jednak ci, którzy polegają na Bogu mogą radować się nawet, jeśli nie mają nic do jedzenia, ponieważ Bóg obiecał nam, że da nam wszystko, czego potrzebujemy, jeśli najpierw będziemy szukać Królestwa Bożego (Mat. 6,31-33).

Ci, którzy posiadają prawdziwą wiarę poświęcą każdą sprawę

Bogu w modlitwie dziękczynnej nawet w czasie trudności. Będą szukać Bożego Królestwa i Jego sprawiedliwości ze spokojnym sercem oraz będą prosić o to, czego potrzebują. Jednak ci, którzy nie polegają na Bogu, lecz na własnych myślach i planach, pozostaną bezsilni. Ci, którzy prowadzą interesy mogą odnosić sukces i otrzymywać błogosławieństwa, jeśli słuchają głosu Ducha Świętego i postępują zgodnie z nim. Jednak jeśli kierują się zawiścią, niecierpliwością i fałszem, nie są w stanie usłyszeć głosu Ducha Świętego i będą stawiali czoła trudnościom. Podstawowym powodem, dla którego tracimy radość są cechy cielesne, które posiadamy w naszych sercach. Będziemy mieć więcej duchowej radości i dziękczynienia, a wszystko będzie układać się pomyślnie, jeśli odrzucimy cielesność z naszego serca.

Po drugie, musimy postępować zgodnie z wolą Ducha Świętego we wszystkim.

Radość, której poszukujemy nie jest radością tego świata, lecz radością z góry, czyli radością Ducha Świętego. Możemy być radośni i szczęśliwi, jeśli Duch Święty w nas zamieszka. Prawdziwa radość wynika z uwielbiania Boga w naszym sercu, modlitwy oraz chwalenia Go i zachowywania Jego słowa.

Ponadto, jeśli uświadomimy sobie nasze wady dzięki natchnieniu Ducha Świętego i poprawimy je, możemy być naprawdę szczęśliwi! Możemy być szczęśliwsi i bardziej wdzięczni, kiedy odkryjemy nasze nowe „ja", które różni się od poprzedniego.

Radość dana przez Boga nie może się równać z radością tego świata, ponieważ nikt nie może nam jej odebrać.

W zależności od tego, jakich dokonujemy wyborów w naszych codziennym życiu, postępujemy zgodnie z wolą Ducha Świętego lub własną cielesnością. Jeśli postępujemy zgodnie z wolą Ducha Świętego w każdej chwili naszego życia, Duch Święty raduje się i wypełnia nas radością. W 3 Jana 1,4 czytamy: „Nie znam większej radości nad tę, kiedy słyszę, że dzieci moje postępują zgodnie z prawdą." Bóg raduje się i nam daje radość, kiedy w pełni Ducha Świętego postępujemy zgodnie z prawdą.

Na przykład, jeśli naszym pragnieniem są tylko nasza korzyści, a pragnienie korzyści innych ludzi kłóci się z naszymi pragnieniami, stracimy radość. Jeśli w końcu realizujemy nasze pragnienia, wydaje się, że osiągamy to, co pragnęliśmy, jednak nie zyskamy duchowej radości. Będziemy natomiast mieć wyrzuty sumienia i niepokój w sercu. Z drugiej strony, jeśli pragniemy korzyści innych ludzi, może wydawać się, iż cierpimy z powodu straty, ale zyskamy radość, ponieważ Duch Święty będzie się radować. Tylko ci, którzy doświadczyli takiej radości wiedzą, jaka jest wspaniała. To rodzaj szczęścia, którego nikt na świecie nie może dać ani zrozumieć.

Pewna historia opowiada o dwóch braciach. Starszy z nich nigdy nie odkłada talerza po jedzeniu. Natomiast młodszy zawsze musi sprzątać ze stołu po posiłku i wcale mu się to nie podoba.

Pewnego dnia po tym, jak starszy zjadł i odchodził od stołu, młodszy powiedział: „Musisz umyć za sobą talerz." „Ty możesz go umyć", odpowiedział starszy bez wahania i poszedł do swojego pokoju. Młodszemu bratu nie podobała się tak sytuacja, ale starszy brat już wyszedł.

Młodszy brat wiedział, że starszy po prostu za sobą nie zmywa, więc może po prostu służyć starszemu bratu z radością i zmywać wszystkie naczynia. Być może myślicie sobie, że młodszy brat zawsze będzie musiał zmywać naczynia, a starszy nigdy nie przemyśli swojego zachowania. Jednak jeśli postępujemy dobrze, Bóg zmieni sytuację. Bóg zmieni serce starszego brata tak, by żałować tego, co robił i przestał zmuszać swojego brata do mycia wszystkich naczyń. Od tej pory, będzie mył naczynia za ich oboje.

Tak, jak w tej historii, jeśli podążamy za pragnieniami ciała ze względu na korzyści finansowe, zawsze będziemy niezadowoleni. Jednak, jeśli służymy innym, postępując zgodnie z wolą Ducha Świętego, będziemy mieć radość w sercu.

Taka sama zasada dotyczy każdej innej kwestii. Kiedyś pewnie osądzałeś innych według swoich własnych standardów, jednak jeśli zmienisz swoje podejście i okażesz innym zrozumienie, będziesz mieć pokój. Jak wygląda sytuacja, kiedy spotykasz się z kimś, kto ma zupełnie inną osobowość niż ty lub z kimś, kto ma zupełnie inne zdanie niż ty? Czy wolisz unikać tej osoby czy też miło witasz się z nią z uśmiechem na twarzy? Z punktu widzenia osób niewierzących, być może łatwiej jest unikać lub ignorować ludzi, których nie lubimy zamiast starać się być miłymi.

Jednak ludzie, którzy postępują zgodnie z wolą Ducha Świętego, uśmiechną się i będą z przyjemnością służyć takim ludziom. Jeśli poświęcamy swoje życie w służbie dla innych (1 Kor. 15,31), doświadczymy prawdziwego pokoju i radości z góry. Co więcej, będziemy w stanie cieszyć się tym pokojem i radościom w każdym czasie, a uczucie, że kogoś nie lubimy nawet się nie pojawi.

Przypuśćmy, że dzwoni do ciebie lider z kościoła i prosi cię, abyś odwiedził z nim członka kościoła, którego nie było na nabożeństwie lub prosi cię, aby głosił ewangelię pewnej osobie podczas wakacji, które masz bardzo rzadko. Z jednej strony, chcesz odpocząć, a z drugiej strony pragniesz wykonywać dzieła Boże. Wszystko zależy od twojej wolnej woli, jednak długie spanie i wygoda niekoniecznie przynosi radość.

Możesz poczuć pełnię Ducha Świętego oraz radość, jeśli poświęcisz czas i środki, by pełnić służbę dla Boga. Jeśli postępujesz zgodnie z wolą Ducha Świętego, nie tylko będziesz miał coraz więcej duchowej radości, ale twoje serce będzie wypełnione prawdą. Będziesz wydawać dojrzały owoc radości, a twoja twarz będzie jaśnieć duchowym światłem.

Po trzecie, musimy siać nasienie radości i dziękczynienia.

Dla farmera, aby zbierać Płony, konieczne jest wysianie ziarna oraz pielęgnacja. Tak samo, aby wydawać owoc radości, musimy szukać okoliczności, by okazywać wdzięczność oraz składać dziękczynienie Bogu. Jeśli jesteśmy dziećmi Boga, które mają wiarę, jest naprawdę wiele rzeczy, za które możemy dziękować! Po pierwsze, mamy radość zbawienia, której nie można zamienić na nic innego. Ponadto, dobry Bóg jest naszym Ojcem i troszczy się o swoje dzieci, które żyją w prawdzie i daje im to, o co proszą. Jak szczęśliwi jesteśmy? Jeśli zachowujemy Dzień Święty i oddajemy dziesięcinę, nie będziemy stawiać czoła katastrofom ani wypadkom. Jeśli nie popełniamy grzechów i zachowujemy Boże przykazania, pracując wiernie dla Bożego Królestwa, będziemy zawsze otrzymywać błogosławieństwa.

Nawet jeśli napotkamy na jakieś trudności, rozwiązanie dla naszych problemów możemy znaleźć w 66 księgach Biblii. Jeśli trudności wywołane są naszymi niewłaściwymi poczynaniami, możemy skruszyć się i odwrócić od zła tak, aby Bóg okazał nam łaskę i dał nam odpowiedź, jak rozwiązać nasze problemy. Kiedy patrzymy na naszą przeszłość i nie odnajdujemy potępienia w swoim sercu, będziemy się radować i okazywać wdzięczność. Bóg będzie działał i rozwiąże każdą problematyczną sytuację oraz da błogosławieństwa.

Nie powinniśmy nadużywać łaski Bożej. Musimy radować się i być wdzięczni w każdym czasie. Kiedy szukamy powodów do wdzięczności i radości, Bóg nam je wskaże. Nasze dziękczynienie i radość będą wzrastać, a w końcu w pełni wydamy owoc radości.

Żałoba po wydaniu owocu radości

Nawet jeśli wydajemy owoc radości w naszym sercu, czasami możemy odczuwać smutek. Jest to duchowa żałoba, która ma związek z prawdą.

Po pierwsze, jest to żałoba związana ze skruchą. Jeśli pojawiają się na naszej drodze próby i doświadczenia spowodowane grzechem, nie możemy po prostu się radować i okazywać wdzięczności, by rozwiązać problem. Jeśli ktoś raduje się po popełnieniu grzechu, jest to radość światowa i nie ma nic wspólnego z Bogiem. W takim przypadku, musimy ze łzami żałować za grzech i odwrócić się od niego. Musimy prawdziwie się skruszyć, myśląc: „Jak mogłem popełnić taki grzech, skoro wierzę w Boga? Jak mogłem zapomnieć o Bożej łasce?" Bóg przyjmie naszą skruchę, a ściana grzechu zostanie zburzona. Bóg nam radość. Będziemy czuć się lekko, jakbyśmy latali po niebie, a nowy rodzaj radości i wdzięczności spłynie na nas z nieba.

Żałoba w skrusze jest z pewnością czymś zupełnie innym niż łzy smutku, które pojawiają się z powodu trudności lub katastrof. Nawet jeśli modlicie się, wylewając łzy, to tylko żałoba cielesna, jeśli nie cierpicie sytuacji, w której się znajdujecie. Ponadto, jeśli próbujecie uciekać przed problemami, obawiając się kary i nie odwrócicie się od grzechu, nie będziecie w stanie zyskać prawdziwej radości. Jeśli twoja żałoba jest prawdziwą żałobą wynikającą ze skruchy, musisz odrzucić chęć do popełniania grzechu i wydawać owoc skruchy. Tylko wtedy otrzymasz duchową radość z góry.

Kolejną kwestią jest żałoba, która może wynikać z faktu, iż przynieśliśmy hańbę Bogu lub komuś, kto podąża ścieżką śmierci. Zgodnie z prawdą, jest to właściwy rodzaj żałoby. W takiej sytuacji, należy modlić się gorliwie o to, by znaleźć się w Królestwie Bożym. Prosić o moc, by rotować dusze i pracować dla Królestwa Bożego. Dlatego, taka żałoba jest właściwa w oczach Boga. Jeśli mamy w sobie taką duchową żałobę, nie oznacza to, że nie możemy mieć w sercu również duchowej radości. Nie stracimy siły, lecz nadal będziemy wdzięczni i radośni.

Kilka lat temu Bóg pokazał mi mieszkanie w niebie należące do osoby, która modliła się gorliwie o Boże królestwo i o kościół. Jej dom był piękny i ozdobiony drogocennymi kamieniami oraz wielkimi błyszczącymi perłami. Jak ostryga perłopława tworząca perłę, ta osoba z całą swoją energią i siłą, modliła się, by być podobną do Pana i prosiła o Królestwo Niebieskie i inne dusze. Bóg odpłacił jej za jej gorliwe modlitwy. Dlatego, powinniśmy zawsze radować się, wierząc w Boga i powinniśmy gorliwie modlić się o Boże Królestwo i inne dusze.

Bądź pozytywny i postępuj dobrze we wszystkich aspektach życia

Kiedy Bóg stworzył pierwszego człowieka Adama, wlał radość w jego serce. Jednak radość, którą posiadał Adam była inna niż radość, którą możemy zyskać na tej ziemi.

Adam był istotą żyjącą, żywym duchem, co oznacza, że nie miał cech cielesnych, i dlatego nie miał w sobie niczego, co byłoby przeciwne radości. Jedynie ci, którzy cierpieli z powodu choroby są w stanie zrozumieć, jak cenne jest zdrowie. Tylko ci, którzy cierpieli z powodu biedy, rozumieją prawdziwą wartość bogatego życia.

Adam nigdy nie doświadczył bólu i nie był świadomy, jakie szczęśliwe miał życie. Mimo, iż cieszyć się życiem wiecznym i obfitością Ogrodu Eden, nie potrafił w pełni radować się z głębi serca. Jednak kiedy zjadł owoc z drzewa poznania dobra i zła, cielesność zakradła się do jego serca i stracił radość, którą otrzymał od Boga. Musiał cierpieć, a jego serce było pełne smutku, czuł się samotny, odczuwał nienawiść i martwił się.

My doświadczyliśmy wiele bólu na tej ziemi i musimy odzyskać duchową radość, którą utracił Adam. Aby to uczynić, musimy odrzucić cielesność, postępować zgodnie z wolą Ducha Świętego i siać nasiona radości i dziękczynienia. Jeśli będziemy mieć pozytywne nastawienie i będziemy kierować się dobrocią, będziemy w stanie wydawać owoc radości.

Taką radość możemy zyskać, jeśli poznamy to, co dotyka nas na tej ziemi – nie tak, jak Adam, który żył w Ogrodzie Eden. Dlatego, radość musi wypływać z głębi naszego serca i nigdy się nie zmieniać. Prawdziwej radości, które będziemy doświadczać w niebie, musimy nauczyć się już tutaj na ziemi. Jak będziemy w stanie ją wyrazić, kiedy zakończymy nasze ziemskie życie i trafimy do Królestwa Bożego?

W Ew. Łuk. 17,21 czytamy: „...i nie powiedzą: Oto tu jest albo: Tam. Oto bowiem królestwo Boże pośród was jest." Mam nadzieję, że szybko nauczycie się wydawać owoc radości w waszych sercach tak, abyście mogli poczuć niebo na ziemi i prowadzić życie wypełnione szczęściem.

Hebr. 12,14

„*Starajcie się o pokój ze wszystkimi i o uświęcenie, bez którego nikt nie zobaczy Pana.*"

Przeciwko takim rzeczom nie ma zakonu

Rozdział 4

Pokój

Owoc pokoju
Wydawanie owocu pokoju
Dobre słowa są istotne
Myśl rozsądnie, uwzględniając punkt widzenia innych ludzi
Prawdziwy pokój w sercu
Błogosławieństwa dla czyniących pokój

Pokój

Cząsteczki soli nie są widoczne, jednak kiedy się skrystalizują, stają się pięknymi sześciennymi kryształkami. Niewielka ilość soli rozpuszcza się w wodzi i zmienia jej strukturę. Sól jest przyprawą absolutnie konieczną w gotowaniu. Mikroelementy w soli – nawet w bardzo niewielkiej ilości – są niezbędne w podtrzymywaniu funkcjo życiowych.

Tak jak sól rozpuszcza się w wodzi, by dodać smaku do jedzenia i zapobiegać psuciu, Bóg pragnie, abyśmy poświęcili samych siebie, by oczyszczać innych i wydawać wspaniały owoc pokoju. Przyjrzyjmy się owocowi pokoju, który również jest owocem Ducha Świętego.

Owoc pokoju

Nawet ludzie wierzący nie potrafią zachować pokoju z innymi, jeśli pielęgnują swoje „ego." Jeśli uważają, że ich pomysły są prawidłowe, ignorują opinie innych i zachowują się nieodpowiednio. Mimo, że grupa doszła do porozumienia poprzez głosowanie i większość głosów, nadal narzekając na swoją decyzję. Wolą patrzeć na wady niż na zalety innych. Będą źle mówić o ludziach i odtrącać ich od siebie.

Kiedy jesteśmy przy takich osobach, czujemy się jakbyśmy siedzieli na cierniach i nie mamy w sobie pokoju. Tam, gdzie są ludzie, którzy nie mają w sobie pokoju, zawsze są też problemy i trudności. Jeśli nie ma pokoju w kraju, rodzinie, pracy, kościele lub grupie ludzi, błogosławieństwa są ograniczone i pojawia się wiele przykrych sytuacji.

W sztuce, bohater lub bohaterka są ważnymi postaciami, jednak inne role oraz personel pomocniczy są równie ważni. To samo dotyczy wszystkich organizacji. Nawet jeśli coś wydaje się błahe, kiedy ktoś odpowiednio wykona zadanie, można takiej osobie powierzyć wtedy większy zakres odpowiedzialności. Nikt nie powinien być arogancki tylko dlatego, iż ma ważne zadanie do wypełnienia. Kiedy dana osoba pomaga innym się rozwijać, wszystko zamierza we właściwym kierunku.

W Rzym. 12,18 czytamy: „Jeżeli to jest możliwe, o ile to od was zależy, żyjcie w zgodzie ze wszystkimi ludźmi", natomiast w Hebr. 12,14: „Starajcie się o pokój ze wszystkimi i o uświęcenie, bez którego nikt nie zobaczy Pana."

Pokój oznacza tutaj umiejętność akceptowania opinii inny, nawet jeśli to nasze opinie są właściwe. Oznacza dawanie poczucia komfortu innym. Oznacza szczodre serce, które akceptuje wszystko, co pozostaje w granicach prawdy. Oznacza pragnienie korzyści dla innych i brak faworyzowania. Oznacza brak kłopotów i konfliktów z innymi dzięki powstrzymywaniu się przed wyrażaniem sprzecznych osobistych opinii oraz przymrużenie oka na niedoskonałości innych ludzi.

Dzieci Boże nie mogą zachowywać pokoju tylko w rodzinie, między małżonkami, rodzicami i dziećmi, rodzeństwem czy sąsiadami, ale również powinny mieć pokój z innymi ludźmi. Muszą mieć pokój nie tylko z tymi, których kochają, ale również z tymi, którzy okazują nienawiść i utrudniają im życie. Szczególnie istotne jest zachowanie pokoju w kościele. Bóg nie może działać, jeśli brakuje pokoju. Brak pokoju umożliwia szatanowi oskarżanie nas. Nawet jeśli ciężko pracujemy w służbie Bożej, nie możemy uwielbiać Boga, jeśli brakuje między nami pokoju.

W Ks. Rodzaju 26 Izaak pokazał, jak można zachować spokój w sytuacji, kiedy wszyscy wokół próbowali go zaburzyć. Miało to miejsce wtedy, kiedy Izaak, aby uniknąć głodu udał się w miejsce, gdzie mieszkali Filistyńczycy. Otrzymał Boże błogosławieństwa, a liczba jego stad pomnażała się. Filistyńczycy zazdrościli mu, dlatego zasypywali jego studnie ziemią.

W okolicy brakowało deszczu, a latem było szczególnie sucho. Studnie były ich kołem ratunkowym. Izaak jednak nie wchodził z nimi w konflikty ani nie walczył. Odszedł w inne miejsce i wykopał nową studnię. Gdziekolwiek wykopał nową studnię, Filistyńczycy pojawiali się, twierdząc, iż należy do nich. Jednak Izaak nigdy nie narzekał i po prostu kopał kolejną studnię, przenosząc się z miejsca na miejsce.

Taka sytuacja powtórzyła się wielokrotnie, jednak Izaak za każdym razem traktował tych ludzi z dobrocią, a Bóg mu błogosławił tak, iż mógł wykopać studnię wszędzie, gdzie przyszedł. Widząc sytuację, Filistyńczycy uświadomili sobie, że Bóg był z nim i przestali mu dokuczać. Gdyby Izaak kłócił się z nimi lub walczył z powodu niewłaściwego traktowania, stałby się ich wrogiem i musiał opuścić to miejsce. Nie mógł się bronić, ponieważ Filistyńczycy tylko szukali zaczepki. Oni mieli złe intencje, natomiast Izaak traktował ich dobrze i wydawał owoc pokoju.

Jeśli w taki sposób wydajemy owoc pokoju, Bóg kontroluje sytuację tak, by nam się powodziło. Czy potrafimy wydawać taki owoc pokoju?

Wydawanie owocu pokoju

Po pierwsze, musimy mieć pokój z Bogiem.

Najważniejszą kwestią jest to, by mieć pokój z Bogiem. Nie może oddzielać nas od Boga grzech. Adam musiał się ukryć przed Bogiem, ponieważ był nieposłuszny Jego słowu i zjadł zakazany owoc (Ks. Rodz. 3,8). W przeszłości miał bliską więź z Bogiem, jednak teraz w obecności Boga pojawiały się u niego uczucia strachu i wyobcowania, ponieważ grzech zaburzył pokój, który miał z Bogiem.

Tak samo jest z nami. Jeśli postępujemy zgodnie z prawdą, mamy pokój z Bogiem i możemy czuć się pewni, stając przed Jego obliczem. Oczywiście, aby mieć pełny i doskonały pokój, musimy odrzucić grzech i zło z naszego serca oraz stać się uświęconymi. Jednak nawet jeśli nie jesteśmy jeszcze doskonałymi, jeśli postępujemy zgodnie z prawdą, możemy mieć pokój z Bogiem. Nie możemy osiągnąć tego od razu, jednak możemy mieć pokój z Bogiem, jeśli próbujemy w wierze postępować zgodnie z Jego wolą.

Nawet jeśli staramy się mieć pokój z ludźmi, musimy najpierw zadbać o nasz pokój z Bogiem. Powinniśmy dbać o to, by mieć pokój z naszymi rodzicami, małżonkami, przyjaciółmi i współpracownikami, ale przede wszystkim nigdy nie powinniśmy czynić niczego, co jest sprzeczne z prawdą. Nie możemy zaburzyć naszego pokoju z Bogiem tylko po to, by zachować pokój z człowiekiem.

Na przykład, co jeśli skłonimy się przed bożkami lub pogwałcimy dzień święty, aby zachować pokój z członkami rodziny? Wydaje się, iż osiągniemy chwilowy pokój, jednak w rzeczywistości złamiemy nasz pokój z Bogiem, stawiając między sobą a Nim ścianę grzechu. Nie możemy popełniać grzechu po to, by mieć pokój z ludźmi. Ponadto, jeśli nie przestrzegamy Dnia Świętego po to, by uczestniczyć w ślubie członka rodziny lub przyjaciela, również zaburzamy nasz pokój z Bogiem i nie możemy mieć prawdziwego pokoju z ludźmi.

Abyśmy mogli mieć prawdziwy pokój z ludźmi, musimy najpierw mieć pokój z Bogiem. Wtedy Bóg pomoże nam odrzucić szatana i przemieni złe umysły, dając nam pokój. W Ks. Przysłów 16,7 czytamy: „Gdy drogi człowieka są miłe Panu, pojedna On z nim nawet wrogów."

Oczywiście inni ludzie nadal mogą nie chcieć mieć z nami pokoju nawet jeśli staramy się ze wszystkich sił. W takiej sytuacji, jeśli będziemy w pełni postępować zgodnie z prawdą, Bóg będzie działał ku dobremu. Tak było w przypadku Dawida i Króla Saula.

Z powodu zazdrości Saul próbował zabić Dawida, jednak Dawid traktował go dobrze aż do końca. Miał wiele możliwości, by go zabić, jednak wybrał pokój. W końcu Bóg pozwolił Dawidowi zasiąść na tronie, więc jego dobre uczynki zdecydowanie się opłaciły.

Po drugie, musimy mieć pokój z innymi.

Aby mieć pokój z innymi, musimy odrzucić wszelkie formy zła i stać się uświęconymi. Jeśli będziemy mieć w sercu zło, wyjdzie ono na jaw w różnych sytuacjach i pokój będzie zaburzony. Może nam się wydawać, iż mamy pokój, kiedy wszystko idzie po naszej myśli, jednak kiedy pokój jest zaburzony, nie wszystko się wiedzie, a nasze zło zostaje ujawnione. Kiedy nienawiść lub gniew gotują się w naszych sercach, czujemy wielki dyskomfort! Jednak możemy mieć pokój w sercu, bez względu na okoliczności, jeśli postępujemy zgodnie z prawdą.

Niektórzy ludzie nie mają prawdziwego pokoju w sercu, dlatego próbują postępować zgodnie z prawdą, by mieć pokój z Bogiem. Uważają samych siebie za sprawiedliwych i samodzielnie próbują zmieniać swój charakter.

Na przykład, niektórzy ludzie nie mają pokoju umysły, ponieważ czują się zbyt obciążeni Słowem Bożym. Zanim Na Hioba spadły doświadczenia, gorliwie się modlił i próbował żyć zgodnie ze Słowem Bożym, jednak nie czynił tego z miłości do Boga. Tacy ludzie żyją zgodnie ze Słowem Bożym ze strachu przed karą. Jeśli przypadkowo postąpią niewłaściwie, stają się nerwowi i obawiają się konsekwencji.

W takiej sytuacji, jakże muszą czuć się dotknięci, nawet jeśli postępują zgodnie z prawdą. Ich duchowy wzrost zatrzymuje się lub tracą radość. Cierpią z powodu własnej sprawiedliwości i sposobu myślenia. Zamiast obsesyjnie skupiać się na czynach, by zachowywać prawo, powinni spróbować pielęgnować miłość do Boga. Można cieszyć się prawdziwym pokojem, jeśli z całego serca ukochamy Boga i wypełniamy z naszym życiu Jego wolę.

Kolejny przykład. Niektórzy ludzie nie mają pokoju z powodu swojego negatywnego myślenia. Próbują postępować zgodnie z prawdą, jednak potępiają samych siebie, jeśli nie osiągają takich rezultatów, jakie chcieli. Odczuwają skruchę i czują się rozczarowani, ponieważ tak wiele im brakuje. Tracą pokój, myśląc: „Co jeśli ludzie wokół mnie są mną rozczarowani? Co jeśli mnie opuszczą?"

Tacy ludzie powinni stać się duchowymi dziećmi. Sposób myślenia dzieci, które wierzą z miłość swoich rodziców jest bardzo prosty. Nawet jeśli popełniają błędy, nie ukrywają się, lecz idą do rodziców, mówiąc, iż następnym razem zachowają się lepiej. Jeśli przepraszają i okazują skruchę, rodzice prawdopodobnie uśmiechną się, nawet jeśli mieli zamiar ich ukarać.

Oczywiście, nie oznacza to, że możemy za każdym razem powtarzać, że następnym razem będzie lepiej i ciągle popełniać ten sam błąd. Jeśli naprawdę pragniemy odwrócić się od grzechu, dlaczego Bóg miałby się od nas odwrócić? Ci, którzy prawdziwie odczuwają skruchę nie czują się zniechęceni z powodu innych ludzi. Oczywiście, mogą zostać ukarani lub zdegradowani na jakiś czas. Jednak mogą być pewni Bożej miłości, mogą przyjąć karę i nie przejmować się opiniami innych ludzi.

Natomiast, Bóg nie cieszy się, kiedy ludzie ciągle wątpią, myśląc, że ich grzechy nie zostały przebaczone. Jeśli naprawdę żałują i pragną odwrócić się od zła, wiara w przebaczenie grzechów jest dla Boga radością. Nawet jeśli następują próby spowodowane ich złym postępowaniem, przemienią się one w błogosławieństwa, jeśli przyjmiemy je z radością i dziękczynieniem.

Dlatego, musimy wierzyć, że Bóg nas kocha, nawet jeśli nie jesteśmy doskonali i uczyni nas doskonałymi, jeśli będziemy pragnęli zmiany naszych serc. Ponadto, jeśli opadniemy z sił z powodu próby, możemy zwrócić się do Boga, który nas podniesie. Nie możemy okazywać niecierpliwości i szukać uznania. Jeśli zachowujemy ufność i trwamy w prawdzie, będziemy mieli pokój z innymi oraz duchową pewność.

Po trzecie, powinniśmy mieć pokój z wszystkimi.

Aby osiągnąć pokój z ludźmi, musimy być w stanie się poświęcić. Musimy poświęcać się dla innych nawet, jeśli zajdzie konieczność oddania własnego życia. Paweł mówi: „Umieram każdego dnia." Również my nie powinniśmy się upierać, by trwać w swoich opiniach czy preferencjach, aby mieć pokój z ludźmi.

Aby uzyskać pokój, nie powinniśmy postępować

nieprzystojnie ani się przechwalać. Musimy się ukorzyć i pragnąć wywyższenia innych. Powinniśmy podnosić ich na duchu, nie być uprzedzonymi, a tym samym powinniśmy akceptować to, że ludzie różnią się od nas w ramach prawdy. Nie powinniśmy myśleć tylko ze swojej perspektywy, ale również brać pod uwagę punk widzenia innych ludzi. Nawet jeśli mamy rację, powinniśmy być w stanie zgodzić się z innymi.

Nie oznacza to jednak, że powinniśmy zostawić ich w spokoju, jeśli podążają drogą śmierci, popełniając grzechy. Nie powinniśmy iść z nimi na kompromis lub dołączać do nich w złym postępowaniu. Powinniśmy im radzić i napominać ich z miłością. Możemy otrzymać wielkie błogosławieństwa, jeśli będziemy poszukiwać pokoju zgodnie z prawdą.

Aby mieć pokój z ludźmi, nie możemy upierać się przy swojej sprawiedliwości oraz sposobie myślenia. Sposób myślenia dotyczy tego, co ktoś uważa za właściwe z własnego punktu widzenia czy ze względu na własne preferencje. Własna sprawiedliwość dotyczy narzucania innym naszych opinii, wierzeń i pomysłów, które uważamy za lepsze. Taka sprawiedliwość i sposoby myślenia widoczne są w różnych aspektach życia.

Co się dzieje, jeśli jakaś osoba narusza rozporządzenia firmy, aby usprawiedliwić swoje działania, twierdząc, iż niniejsze rozporządzenia są złe? Może sobie myśleć, że to co robi jest właściwe, jednak oczywiście szef lub współpracownicy niekoniecznie się z nią zgodzą. Ponadto, postępowanie zgodnie z opiniami innych, jeśli są fałszem, jest zgodne z prawdą.

Każdy człowiek ma inną osobowość, ponieważ został wychowany w innym środowisku. Każdy z nas otrzymał inne wykształcenie i inną miarę wiary. Każda osoba ma inne standardy i może inaczej oceniać to, co dobre a co złe. Ktoś może uważać coś za dobre, podczas gdy inna osoba uzna to za złe.

Porozmawiajmy o relacji między mężem i żoną. Mąż chce, aby dom był zawsze utrzymywany w porządku, jednak żona tego nie chce. Mąż początkowo znosi to z miłością i sam sprząta. Jednak po jakimś czasie czuje się sfrustrowany. Myśli, iż żona nie została odpowiednio wychowana. Zastanawia się, dlaczego nie potrafi zrobić czegoś tak prostego. Nie rozumie, dlaczego jej nawyki nie zmieniają się pomimo udzielanych jej rad.

Jednak z drugiej strony, żona ma również coś do powiedzenia. Jej rozczarowanie dotyczy męża: „Nie urodziłam się tylko po to, żeby sprzątać. Jeśli czasami nie mogę posprzątać, mój mąż może to zrobić. Dlaczego ciągle narzeka? Wydaje się, jakby wcześniej mógł mi pomagać, a teraz ciągle narzeka na jakieś błahostki. Wspomina nawet o moim braku wychowania." Jeśli każde z nich będzie upierało się przy swoim, nie będą mieli pokoju. Pokój można osiągnąć tylko wtedy, gdy każde z nich zastanowi się nad opinią drugiej strony i będzie chciało służyć, a nie wtedy gdy będą brali pod uwagę tylko własne opinie.

Jezus powiedział na, że kiedy składamy dary Bogu, jeśli mamy coś przeciwko naszym braciom, najpierw powinniśmy się z nimi pojednać, a dopiero później składać ofiarę (Mat. 5,23-24). Nasze dary zostaną przyjęty tylko wtedy, gdy mamy pokój z innymi. Ludzie, którzy mają pokój z Bogiem i z samymi sobą, nie będą mieć problemów z innymi ludźmi. Nie będą się kłócić, ponieważ odrzucili zawiść, arogancję, dumę i własne sposoby myślenia. Nawet w sytuacji, kiedy inni nie zachowają się odpowiednio, będą potrafili się poświęcić i doprowadzić do pokoju.

Dobre słowa są istotne

Jest kilka kwestii, które musimy wziąć pod uwagę, starając się o pokój. Ważne jest, by wypowiadać tylko słowa pełne dobroci. W Ks. Przysł. 16,24 czytamy: „Dobre słowa są plastrem miodu, słodyczą dla gardła, lekiem dla ciała." Dobre słowa dają siłę i odwagę wszystkim, którzy czują się zniechęceni. Mogą być lekarstwem, które ożywia martwe dusze.

Natomiast złe słowa łamią pokój. Kiedy Rehabeam, syn króla Salomona, został królem, lud poprosił go, aby ograniczył ich ciężką pracę. Król odpowiedział: „Mój ojciec obciążył was jarzmem, a ja dołożę do waszego jarzma. Mój ojciec karcił was biczami, ja zaś będę was karcił biczami z kolców" (2 Kron. 10,14). Z powodu tych słów, król i jego lud stali się sobie bardziej obcy, co doprowadziło w końcu do rozpadu królestwa.

Język ludzki jest bardzo małą częścią ciała, jednak ma olbrzymią moc. Jest jak płomyk, który może stać się wielkim ogniem i wywołać wiele szkód, jeśli nie będzie kontrolowany. Z tego powodu w Liście do Jakuba 3,6 czytamy: „Tak i język jest ogniem, sferą nieprawości. Język jest wśród wszystkich naszych członków tym, co bezcześci całe ciało i sam trawiony ogniem piekielnym rozpala krąg życia", a w Ks. Przysł. 18,21: „Życie i śmierć są w mocy języka, [jak] kto go lubi [używać], tak i spożyje zeń owoc."

Szczególnie jeśli wypowiadamy słowa pełne nienawiści i narzekania z powodu różnic opinii, słowa te rodzą negatywne uczucia, a szatan może nas oskarżać z ich powodu. Jeśli narzekamy i wypowiadamy słowa pełne nienawiści, słowami wyrażając negatywne uczucia, nasze czyny również będą inne. Trzymanie w ręce buteleczki z tuszem jest czymś zupełnie innym niż jej otwarcie i wylanie. Jeśli wylejemy tusz, splamimy ludzie wokół nas i siebie samych.

Tak samo, kiedy wykonujemy Bożą pracę, mogą pojawić się narzekania, ponieważ ktoś nie zgadza się z naszymi pomysłami. Inni, którzy się zgadzają, będą mówić w takim sam sposób. Jeśli liczba wzrośnie, mamy do czynienia z działaniem szatana. Pokój w kościele zostanie zaburzony, a kościół przestanie wzrastać. Dlatego, musimy widzieć, słyszeć i mówić tylko to, co dobre (Efez. 4,29). Nie powinniśmy nawet słuchać słów, które nie są prawdą lub dobrocią.

Myśl rozsądnie, uwzględniając punkt widzenia innych ludzi

To co musimy również wziąć pod uwagę to sytuacja, kiedy nie mamy żadnych negatywnych uczuć w stosunku do innej osoby, lecz ta osoba swoją postawą zaburza pokój. Musimy się zastanowić, czy to naprawdę jej wina. Czasami, to my możemy być powodem, iż inni ludzie nie potrafią zachować pokoju, nawet jeśli nie jesteśmy tego świadomi.

Być może ranimy uczucia innych ludzi z powodu braku współczucia lub nierozważnych słów lub zachowań. W takiej sytuacji, jeśli uważamy, iż nie odczuwamy w stosunku do danej osoby żadnych negatywnych uczuć, nie możemy mieć pokoju ani się zmienić. Powinniśmy być w stanie sprawdzić, czy na pewno jesteśmy rozjemcami w oczach innych ludzi.

Z punktu widzenia lidera, może się wydawać, że potrafi utrzymać pokój, jednak jego pracownicy mogą mieć pewne trudności. Nie mogą otwarcie wyrazić swoich uczuć zarządcom. Mogą znosić sytuację wewnętrznie i cierpieć w ukryciu.

Jest pewne znana historia dotycząca Premiera Hwanga Hee z Dynastii Chosun. Pewnego razu premier zobaczył rolnika, która ze swoimi dwoma bykami plewił pole. Premier zapytał rolnika: „Który z byków ciężej pracuje?" Rolnik nagle wziął premiera za ręce i zaprowadził w pewne miejsce, a następnie wyszeptał: „Czarny jest czasami leniwy, ale ten drugi pracuje ciężko."

„Dlaczego zabrałeś mieć aż tutaj, aby mi o tym powiedzieć?", zapytał premier z uśmiechem na twarzy. „Nawet zwierzęta nie lubią, kiedy mówi się o nich coś złego", odpowiedział rolnik. Wtedy premier uświadomił sobie swój brak wrażliwości.

Co by było, gdyby byki rozumiały to, co mówił rolnik? Drugi byk zrobiłby się zarozumiały, a czarny byłby o niego zazdrosny i mógłby stać się źródłem problemów lub zniechęcić się, a nawet pracować jeszcze mniej.

Z tej historii możemy nauczyć się wrażliwości nawet w stosunku do zwierząt. Powinniśmy być ostrożni, by nie okazywać faworyzowania. Jeśli dochodzi do faworyzowania, pojawia się zazdrość i arogancja. Na przykład, jeśli chwalimy jedną osobę przed innymi ludźmi lub jeśli napominamy kogoś w obecności innych, możemy być pewni, że pojawi się niezgoda. Powinniśmy być ostrożni i mądrzy, by nie powodować problemów.

Ponadto, są ludzie, którzy cierpią z powodu faworyzowania i dyskryminacji ze strony szefostwa, a kiedy sami zostają szefami, zachowują się dokładnie tak samo. Jednak jako ludzie, kiedy cierpimy z powodu niesprawiedliwości, powinniśmy uważać na nasze słowa i zachowania, aby nie zaburzać pokoju.

Prawdziwy pokój w sercu

Kolejną kwestią, którą należy wziąć pod uwagę, kiedy pragniemy osiągnąć pokój jest to, iż prawdziwy pokój musi wypływać z serca. Nawet ci, którzy nie mają pokoju z Bogiem lub z samymi sobą, mogą w pewnym stopniu mieć pokój z innymi. Wielu ludzie wierzących jest świadomych, iż nie powinni zaburzać pokoju, więc starają się kontrolować swoje negatywne uczucia, by nie wchodzić w konflikty w innymi, którzy mają inne opinie. Jednak brak zewnętrznego konfliktu nie oznacza pokoju. Owoc Ducha Świętego nie rodzi się na zewnątrz, lecz w sercu.

Na przykład, jeśli inna osoba nie służy ci lub nie rozpoznaje cię, odczuwamy niechęć, jednak może nie dajemy tego po sobie poznać. Może myślimy: „Muszę mieć jeszcze trochę cierpliwości." Jednak co jeśli sytuacja się powtarza?

Niechęć gromadzi się. Nie możemy jej wyrazić, aby nie urazić własnej dumy, jednak pośrednio być może krytykujemy tę osobę i wyrażamy to, że dana sytuacja nam się nie podoba i czujemy się źle potraktowani. Czasami nie rozumiemy innych ludzi, a to sprawia, iż nie potrafimy mieć z nimi pokoju. Nie mówimy nic tylko po to, by uniknąć kłótni. Nie rozmawiamy z taką osobą, lecz patrzymy na nią z góry, myśląc: „Jest zła i natarczywa. Nie będą z nią rozmawiać."

Być może zewnętrznie nie zaburzamy pokoju, jednak nie mamy pozytywnych uczuć w stosunku do tej osoby. Nie zgadzamy się z jej opiniami i być może wcale nie chcemy przebywać w jej obecności. Być może narzekamy na nią przed innymi, wytykając jej wady. „On jest naprawdę zły. Nie ma usprawiedliwienia dla tego, co robi. Jednak chcę być dobry i będę go tolerować." Oczywiście, lepiej nie zaburzać pokoju niż postąpić w sposób otwarty.

Jednak, aby zachować prawdziwy pokój, musimy służyć innym z serca. Nie powinniśmy powstrzymywać negatywnych uczuć i zaciskając zęby, służyć innym. Powinniśmy być chętnie służyć innym i pragnąć ich korzyści.

Nie powinniśmy uśmiechać się na zewnętrz, jeśli w środku osądzamy drugą osobę. Musimy próbować zrozumieć punkt widzenia innych ludzi. Tylko wtedy Duch Święty będzie mógł działać. Nawet jeśli pragną własnych korzyści, będą poruszeni w głębi i zapragną się zmienić. Każdy ma jakieś wady, dlatego obie strony mogą czuć się winne. W końcu każdy może posiąść prawdziwy pokój i być w stanie okazać innym uczucia.

Błogosławieństwa dla czyniących pokój

Ludzie, którzy mają pokój z Bogiem, z samymi sobą i z innymi, mogą odpędzać ciemność. Dlatego są w stanie osiągnąć pokój.. W Mat. 5.9 napisano: „Błogosławieni, którzy wprowadzają pokój, albowiem oni będą nazwani synami Bożymi." Tacy ludzie mają władzę dzieci Bożych, władzę światłości.

Na przykład, jeśli jesteś liderem w kościele, możesz pomagać ludziom wierzącym w wydawaniu owocu pokoju. Możesz dzielić się z nimi słowem prawdy, mając władzę i moc, która pomoże im odrzucić grzech i cielesny sposób myślenia. Kiedy szatan atakuje kościół, ludzie oddalają się od siebie i łatwo im niszczyć się wzajemnie słowami. Bardzo łatwo wtedy odebrać pokój.

W Jan 12,24 czytamy: „Zaprawdę, zaprawdę, powiadam wam:

Jeżeli ziarno pszenicy wpadłszy w ziemię nie obumrze, zostanie tylko samo, ale jeżeli obumrze, przynosi plon obfity." Jezus uświęcił się i umarł na krzyżu jak ziarno pszenicy, wydając obfity owoc. On wybaczył grzechy niezliczonych dusz i umożliwił nam osiągnięcie pokoju z Bogiem. W konsekwencji stał się Królem królów i Panem panów, przyjmując chwałę i honor.

Możemy zebrać obfite plony tylko jeśli poświęcimy samych siebie. Bóg Ojciec pragnie, aby Jego ukochane dzieci poświęciły się i obumarły, by wydać obfity owoc tak, jak Jezus. W Ew. Jana 15,8 Jezus powiedział: „Ojciec mój przez to dozna chwały, że owoc obfity przyniesiecie i staniecie się moimi uczniami." Postępujmy zgodnie z wolą Ducha Świętego, by wydać owoc pokoju i prowadzić wiele dusz drogą zbawienia.

W Hebr. 12,14 czytamy: „Starajcie się o pokój ze wszystkimi i o uświęcenie, bez którego nikt nie zobaczy Pana." Nawet jeśli macie zupełną rację, a inni z waszego powodu mają nieodpowiednie myśli, jeśli pojawiają się konflikty, nie jest to właściwe w oczach Bożych, dlatego należy przyjrzeć się swojemu zachowaniu. Wtedy można osiągnąć świętość, odrzucić zło i być w stanie zobaczyć Pana. W ten sposób mam nadzieję, że będziecie cieszyć się władzą duchową na ziemi, nazywając się synami Boga, abyście mogli zyskać zaszczytne stanowiska w niebie, gdzie zawsze będziemy blisko Jezusa.

Jakub 1,4

„Wytrwałość zaś winna być dziełem doskonałym, abyście byli doskonali, nienaganni, w niczym nie wykazując braków."

Przeciwko takim rzeczom nie ma zakonu

Rozdział 5

Cierpliwość

Cierpliwość, która nie wymaga cierpliwości
Owoc cierpliwości
Cierpliwość ojców wiary
Cierpliwość, by dostać się do Królestwa Niebieskiego

Cierpliwość

Często wydaje się, że szczęście w życiu zależy od tego, czy potrafimy być cierpliwi. Rodzice, dzieci, mężowie, żony, rodzeństwo czy przyjaciele, wszyscy czasami robią rzeczy, których żałują, ponieważ nie potrafią być cierpliwi. Sukces lub porażka w nauce, pracy czy interesach może również zależeć od naszej cierpliwości. Cierpliwość jest bardzo istotnym elementem naszego życia.

Duchowa cierpliwość oraz cierpliwość ludzka różnią się od siebie. Ludzie na tym świecie znoszą pewne sytuacje cierpliwie, jednak jest to cierpliwość cielesna. Jeśli są źli, cierpią, próbując hamować swoje emocje. Być może zaciskają zęby lub przestają jeść. W końcu prowadzi to do problemów jak depresja czy nerwica. Jednak mówi się, że ludzie, którzy potrafią maskować swoje uczucia są cierpliwi. Z pewnością jednak nie jest to cierpliwość duchowa.

Cierpliwość, która nie wymaga cierpliwości

Cierpliwość duchowa nie jest cierpliwością, która dotyczy zła, lecz dobra. Jeśli jesteście cierpliwi, okazując dobroć, możecie pokonać trudności z dziękczynieniem i nadzieją. Będzie to prowadzić do rozwoju naszego charakteru. Natomiast jeśli cierpliwość wiąże się ze złem, nasze uczucia doprowadzą do coraz większej zatwardziałości serca.

Przypuśćmy, że ktoś przeklina i powoduje cierpienie innych ludzi bez przyczyny. Możecie czuć, że wasz duma została urażona, że jesteście ofiarami, jednak możecie również powstrzymać negatywne uczucia, myśląc o tym, iż należy być cierpliwym zgodnie ze Słowem Bożym. Jednak twarz czerwienieje, oddech jest przyspieszony a usta zaciskają się, kiedy próbujemy kontrolować nasze emocje i myśli. Jeśli w ten sposób powstrzymujemy nasze emocje, mogą później wybuchnąć w jeszcze gorszy sposób. Taka cierpliwość nie jest cierpliwością duchową.

Jeśli posiadacie cierpliwość duchową, w waszych sercach nie będzie gniewu. Nawet jeśli zostaniemy bezpodstawnie o coś oskarżeni, będziecie próbować wyjaśnić nieporozumienie. Jeśli taki jest wasz charakter, „przetrzymywanie" lub „przebaczanie" nie będzie konieczne. Pozwólcie, iż przedstawię wam pewną ilustrację.

Pewnej zimnej zimowej nocy, w pewnym domu do późnych godzin nocnych paliły się światła. Dziecko miało wysoką temperaturę. Ojciec moczył swoją koszulkę w zimnej wodzie i starał się chłodzić dziecko. Kiedy ojciec przykładał zimny materiał do ciała dziecka, nie podobało mu się to. Jednak dziecko dobrze czuło się w ramionach ojca, mimo, iż zimno wywoływało chwilowy szok.

Kiedy koszulka robiła się ponownie ciepła z powodu wysokiej temperatury, ojciec ponownie moczył ją w zimnej wodzie. Musiał wielokrotnie powtarzać tę czynność aż do rana. Jednak nie czuł się zmęczony, lecz patrzył z miłością na dziecko, które bezpiecznie spało w jego ramionach.

Mimo, iż nie spał przez całą noc, nie narzekał na zmęczenie czy głód. Nie zastanawiał się nad potrzebami własnego ciała, ponieważ całą uwagę skupił na dziecku i pragnął uczynić wszystko, by jego syn poczuł się lepiej. Kiedy dziecko w końcu poczuło się lepiej, ojciec nie zastanawiał się na trudnościami, które musiał znieść. Kiedy kogoś kochamy, znosimy trudności i nie potrzebujemy cierpliwości. To jest właśnie duchowa cierpliwość.

Owoc cierpliwości

Na temat cierpliwości możemy przeczytać w 1 Kor. 13, w rozdziale o miłości. Dzięki takiej cierpliwości można pielęgnować miłość. Na przykład, czytamy, że miłość nie szuka swego. Innymi słowy, odrzuca to, czego pragnie i szuka korzyści dla innych, co może doprowadzić do sytuacji, które wymagają cierpliwości. Cierpliwość opisana w rozdziale o miłości istnieje po to, by pielęgnować miłość.

Jednak cierpliwość, która jest owocem Ducha Świętego oznacza cierpliwość we wszystkim. To cierpliwość na poziomie wyższym niż cierpliwość w duchowej miłości. Mogą pojawiać się trudności, kiedy próbujemy osiągać nasze cele, czy to dla Królestwa Bożego czy osobistej satysfakcji. Będzie żal i trud, pochłaniające naszą energię. Jednak jesteśmy w stanie z wiarą i w cierpliwości oraz miłości znosić wszystko, ponieważ mamy nadzieję na zebranie owocu. Taka cierpliwość jest owocem Ducha Świętego. Istnieją trzy aspekty takie cierpliwości.

Cierpliwość, która zmienia serce.

Im więcej zła mamy w swoim sercu, tym trudniej jest być cierpliwym. Jeśli mamy w sobie gniew, arogancję, zawiść, samousprawiedliwianie się oraz egoistyczny sposób myślenia, będziemy nerwowi i pojawią się negatywne uczucia nawet z najbardziej błahych powodów.

Był pewien członek kościoła, którego miesięczny przychód wynosił ok. 15 000 dolarów amerykańskich, jednak w pewnym miesiącu okazało się, że przychód był o wiele mniejszy niż zwykle, przez co człowiek ten od razu narzekał na Boga. Później wyznał, że nie jest wdzięczny, ponieważ miał w sercu wiele zawiści i chciwości.

Powinniśmy być Bogu wdzięczny za wszystko, co mamy, nawet jeśli nie zarabiamy dużo pieniędzy. Wtedy zawiść nie będzie panoszyć się w naszym sercu i będziemy mogli przyjąć Boże błogosławieństwa.

Możemy odrzucić zło i stać się uświęconymi, a wtedy cierpliwość przychodzi z większą łatwością. Będziemy wtedy w stanie w spokoju i ciszy znosić nawet trudne sytuacje. Będziemy w stanie zrozumieć i przebaczyć innym bez konieczności zagłuszania negatywnych emocji.

W Łuk. 8,15 czytamy: „W końcu ziarno w żyznej ziemi oznacza tych, którzy wysłuchawszy słowa sercem szlachetnym i dobrym, zatrzymują je i wydają owoc przez swą wytrwałość." Ci, którzy mają dobre serca okazują cierpliwość aż dobre owoce zostają wydane.

Jednakże, nadal potrzebujemy wytrwałości i będziemy musieli włożyć wszelkie wysiłki, by zmienić nasze serce tak, by było niczym dobra gleba. Świętości nie da się osiągnąć automatycznie. Musimy być posłuszni prawdzie, modląc się gorliwie i poszcząc. Musimy ograniczyć nawet to, co kochamy, a jeśli nie jest to korzystne dla naszego stanu duchowego – powinniśmy to odrzucić. Nie możemy poddawać się nawet po kilku nieudanych próbach. Dopóki nie wydamy owocu uświęcenia i nie osiągniemy naszych duchowych celów, musimy być wstrzemięźliwi i postępować zgodnie ze Słowem Bożym.

Ostatecznym celem naszej wiary jest Królestwo Niebieskie, a szczególnie Nowe Jeruzalem, czyli najpiękniejsze miejsce w nim się znajdujące. Powinniśmy wytrwale zmierzać drogą w kierunku celu, nie poddając się bez względu na okoliczności.

Jednakże, czasami możemy zauważyć przypadki osób, które spowalniają w swoim biegu do uświęcenia serca, mimo iż wcześnie prowadzili gorliwe życie chrześcijańskie. Odrzucają działania cielesne, ponieważ uważają je za grzech, jednak ponieważ tego, co cielesne nie da się zobaczyć na zewnątrz, cały proces może być spowolniony. Kiedy znajdują w sobie fałsz, modlą się gorliwie, by się go pozbyć, jednak po kilku dniach zapominają. Jeśli chcemy w pełni odrzucić chwasty, nie możemy usunąć liści, lecz musimy wyrwać je z korzeniami. To samo dotyczy grzesznej natury. Musimy modlić się, by zmienić nasze serce i wykorzenić grzeszną naturę całkowicie.

Kiedy byłem świeżo nawróconą osobą, modliłem się, by odrzucić grzech, ponieważ zrozumiałem, podczas czytania Biblii, że Bóg nienawidzi grzechu, nienawiści, gniewy i arogancji. Kiedy trwałem w swoim samolubstwie, nie byłem w stanie odrzucić nienawiści ani negatywnych uczuć z mojego serca. Jednak w modlitwie Bóg dał mi łaskę tak, że potrafiłem zrozumieć innych ludzi. Moje negatywne uczucia w stosunku do nich zniknęły wraz z nienawiścią.

Nauczyłem się cierpliwości, odrzucając gniew. W sytuacji, kiedy ktoś bezpodstawnie o coś mnie oskarżał, liczyłem sobie po cichu i powstrzymywałem słowa, które chciałem powiedzieć. Na początku było trudno, ale po jakimś czasie mój gniew i irytacja odchodziły. W końcu w każdej nerwowej sytuacji zauważyłem, że żadne negatywne emocje nie pojawiają się w mojej głowie.

Wierzę, że zajęło mi to ponad trzy lata, by w pełni odrzucić arogancję. Zaraz po moim nawróceniu, nie wiedziałem nawet, czym jest arogancja, jednak modliłem się, by ją odrzucić.

Sprawdzałem swój stan ducha w modlitwie. W końcu byłem w stanie szanować nawet osoby, które wydawały mi się od mnie gorsze pod wieloma względami. Później zacząłem służyć innym pastorom z takim samym nastawieniem nawet jeśli to byli młodzi lub nowo ordynowani pastorzy. Po trzech latach cierpliwych modlitw, uświadomiłem sobie, że nie ma już we mnie arogancji i od tej pory nie musiałem już modlić się w tej sprawie.

Jeśli nie wykorzenimy naszej grzesznej natury, arogancja będzie pojawiać się w ekstremalnych sytuacjach. Być może będziecie rozczarowani, kiedy uświadomicie sobie, że nadal jest w waszym charakterze fałsz, mimo, iż wydawało wam się, że go odrzuciliście. Być może poczujecie się zniechęceni, myśląc: „Próbowałem odrzucić grzech, a jednak się nie udało."

Pozostałości grzechu będą w waszym sercu dopóki całkowicie nie wykorzenicie grzesznej natury, jednak nie oznacza to, że nie robicie duchowym postępów. Kiedy obierasz cebulę, napotykasz kolejne i kolejne warstwy. Jednak jeśli nadal obierasz, cebula w końcu zniknie. Tak samo jest z grzeszną naturą. Nie możemy się zniechęcać, tylko dlatego, że jeszcze nie udało nam się w pełni odrzucić grzechu. Musimy mieć cierpliwość do końca i starać się jeszcze bardziej, patrząc w przyszłość, oczekując zmian.

Niektórzy ludzie zniechęcają się, jeśli nie otrzymują materialnych błogosławieństw zaraz po okazaniu posłuszeństwa Słowu Bożemu. Uważają, iż nie otrzymują nic w zamian, a tylko tracą, kiedy postępują dobrze. Niektórzy nawet narzekają, że gorliwie przychodzą do kościoła, a jednak nie otrzymują błogosławieństw. Oczywiście, nie ma powodu do narzekania. Nie otrzymują Bożych błogosławieństw, ponieważ nadal mają w sobie fałsz I nie odrzucili zła zgodnie z wolą Bożą.

Fakt, że narzekają stanowi dowód na to, iż ukierunkowali swoją wiarę w niewłaściwy sposób. Nie możemy męczyć się, postępując dobrze i zachowując prawdę. Im bardziej kierujemy się dobrocią, tym więcej mamy radości, więc pragniemy czynić jeszcze więcej dobroci. Kiedy stajemy się uświęceni, nasza dusza obfituje, wszystko dobrze się układa i jesteśmy zdrowi.

Cierpliwość w stosunku do ludzi.

Kiedy spotykamy się z ludźmi, którzy mają inną osobowość lub wykształcenie, mogą wyniknąć z tego różne sytuacje. W szczególności, kościół jest miejscem, w którym zgromadzają się ludzie z różnych środowisk. Poczynając od spraw błahych po wielkie i istotne, możemy dojść do odmienności myśli, a pokój może zostać naruszony.

Niektórzy mówią: „Jego sposób myślenia jest całkowicie inny niż mój. Trudno mi z nim pracować, ponieważ mamy całkowicie inną osobowość." Jednak nawet w małżeństwie nie zdarza się, by mąż i żona mieli identyczne osobowości. Różnią się przyzwyczajeniami i gustami, a jednak pragną sprawiać sobie przyjemność.

Ci, którzy pragną uświęcenia będą cierpliwi w każdej sytuacji w stosunku do każdej osoby i zachowają pokój. Nawet w trudnych i niewygodnych sytuacjach, będą próbować sprawić, że inni będą czuli się dobrze. Zawsze rozumieją innych w dobroci serca i znoszą trudności, pragnąc korzyści dla innych. Nawet kiedy inni postępują źle, znoszą ich bez narzekania. Za zło odpłacają dobrem, a nie złem.

Również kiedy ewangelizujemy i doradzamy innym duszom, lub kiedy szkolimy pracowników kościoła, by mogli osiągnąć

Królestwo Boże, musimy okazywać cierpliwość. Podczas mojej służby pastorskiej mam okazję obserwować ludzi, którzy zmieniają się bardzo powoli. Jeśli mają światowe upodobania i przynoszą hańbę Bogu, jest mi bardzo przykro, jednak nigdy się nie poddaję, ponieważ mam nadzieję, że kiedyś się zmienią.

Kiedy podnoszę na duchu członków kościoła, muszę okazywać cierpliwość. Nie mogę ich zmuszać, aby robili to, co ja chcę. Mimo, iż czasami dłużej muszę czekać na realizację zadania, nie mogę do kogoś podejść i powiedzieć: „Nie potrafisz tego zrobić. Zwalniam cię." Muszę znosić takie osoby i kierunkować aż rozwiną swoje umiejętności. Czekam pięć, dziesięć lub piętnaście lat tak, aby mogli wypełniać swoje obowiązki poprzez duchowe szkolenie.

Okazuję cierpliwość, nawet jeśli nie wydają owocu i czynią coś niewłaściwe tak, by wspierać ich, gdy upadają. Być może byłoby łatwiej, gdyby ktoś inny zrobił to za nich lub gdyby ktoś ich zastąpił, jednak to nie prowadziłoby do nawrócenia takich osób. Chodzi o to, by osiągnęli Królestwo Boże.

Jeśli siejemy ziarno cierpliwości, będziemy zbierać owoce według Bożej sprawiedliwości. Na przykład, jeśli znosimy kogoś aż się zmieni, modląc się za tą osobą gorliwie, nasze serce będzie wypełnione miłością. Dzięki temu zyskamy również władzę i moc, by prowadzić dusze do zbawienia. Zyskamy moc, by zmieniać dusze dzięki modlitwie sprawiedliwego. Jeśli kontrolujemy to, co jest w naszym sercu i siejemy ziarno wytrwałości nawet w przypadku fałszywych oskarżeń, Bóg pozwoli nam zbierać owoce błogosławieństw.

Cierpliwość w naszej relacji z Bogiem.

Chodzi tutaj o cierpliwość, jaką powinniśmy okazywać, kiedy czekamy na odpowiedź na nasze modlitwy. W Mar. 11,24 czytamy: „Dlatego powiadam wam: Wszystko, o co w modlitwie prosicie, stanie się wam, tylko wierzcie, że otrzymacie." Jeśli mamy wiarę, możemy wierzyć we wszystkie słowa zapisane w 66 księgach Biblii. Znajdziemy tam obietnice Boże, które wypełnią się naszym życiu, jeśli tylko o to poprosimy, dlatego dzięki modlitwie możemy osiągnąć wszystko.

Jednak oczywiście, nie oznacza to, że wystarczy sama modlitwa. Musimy realizować Słowo Boże tak, by otrzymać odpowiedzi. Na przykład, uczeń, któremu średnio idzie w szkole modli się o to, aby być najlepszym, jednak podczas zajęć nie jest skupiony i nie uczy się. Czy będzie mógł zdobywać najlepsze oceny? Jeśli modli się o to, by być najlepszym uczniem w klasie, musi się uczyć, aby było to możliwe.

To samo dotyczy interesów. Jeśli gorliwie modlisz się o to, by twój biznes się rozwijał, jednak twoim celem jest posiadanie kolejnego domu, inwestycje w nieruchomości oraz luksusowy samochód. Czy otrzymasz odpowiedź na swoje modlitwy? Oczywiście, Bóg pragnie, aby Jego dzieci żyły w obfitości, jednak nie wysłuchuje modlitw wypływających z chciwości. Jednak, jeśli pragniemy mieć błogosławieństwo w pracy, aby pomagać potrzebującym i wspierać misję, Bóg z pewnością będzie błogosławił.

Jest wiele obietnic zapisanych w Biblii, które Bóg wypełnia w życiu ludzi wierzących, którzy się modlą. Jednakże, w wielu przypadkach ludzie nie otrzymują odpowiedzi na modlitwę, ponieważ nie są dość cierpliwi. Ludzie proszą o natychmiastową odpowiedź, jednak Bóg może zechcieć odpowiedzieć im w późniejszym czasie.

Bóg odpowiada na modlitwy w czasie, który uważa za najbardziej odpowiedni. On wszystko wie. Jeśli przedmiotem modlitwy jest coś ważnego, Bóg odpowiada dopiero po jakimś czasie, kiedy przed Jego oblicze zostanie zaniesiona odpowiednia ilość modlitw. Kiedy Daniel modlił się o objawienie rzeczy duchowych, Bóg wysłał do niego anioła, który odpowiedział na jego modlitwę zaraz po tym, jak Daniel zaczął się modlić. Jednak zanim Daniel rzeczywiście spotkał się z aniołem, minęło 21 dni. Przez te 21 dni Daniel usilnie modlił się z gorliwością w sercu taką samą, jaką miał na początku. Jeśli wierzymy, że na pewno coś otrzymamy, nietrudno jest na to czekać. Będziemy myśleć o radości, która będzie nam towarzyszyć, kiedy nasz problem zostanie rozwiązany.

Niektórzy wierzący nie potrafią czekać na to, by otrzymać odpowiedź na modlitwy. Być może modlą się i poszczą, jednak jeśli nie otrzymują odpowiedzi wystarczająco szybko, poddają się, myśląc, że Bóg nie chce udzielić im odpowiedzi.

Jeśli mamy prawdziwą wiarę i modlimy się, nie zniechęcimy się ani nie poddamy. Nie wiemy, kiedy otrzymamy odpowiedź: jutro, dziś, po kolejnej modlitwie lub po roku. Bóg wie, jaki jest najodpowiedniejszy czas, by odpowiedzieć.

W Liście do Jak. 1,6-8 czytamy: „Niech zaś prosi z wiarą, a nie wątpi o niczym. Kto bowiem żywi wątpliwości, podobny jest do fali morskiej wzbudzonej wiatrem i miotanej to tu, to tam. Człowiek ten niech nie myśli, że otrzyma cokolwiek od Pana, bo jest mężem chwiejnym, niestałym we wszystkich swych drogach."

Jedyną istotną kwestią jest to, jak trwamy w modlitwie. Jeśli naprawdę wierzymy, że otrzymamy odpowiedź, możemy być zadowoleni w każdej sytuacji. Jeśli mamy wiarę, iż otrzymamy odpowiedź na naszą modlitwę, będziemy się modlić, wiernie pracować aż owoc zostanie nam ofiarowany. Co więcej, kiedy przechodzimy przez jakieś trudności lub prześladowania, wykonując dzieła Boże, będziemy wydawać owoc dobroci dzięki cierpliwości.

Cierpliwość ojców wiary

Podczas maratonu z pewnością pojawiają się ciężkie momenty. Radość ukończenia biegu jest wtedy tak wielka, że mogą zrozumieć ją tylko ci, którzy tego doświadczyli. Dzieci Boże, które biegną w biegu wiary mogą również doświadczać trudności od czasu do czasu, jednak patrząc na Chrystusa są w stanie przezwyciężyć je wszystkie. Bóg daje im łaskę i siłę oraz Ducha Świętego, który ich wspiera.

W Hebr. 12,1-2 czytamy: „I my zatem mając dokoła siebie takie mnóstwo świadków, odłożywszy wszelki ciężar, [a przede wszystkim] grzech, który nas łatwo zwodzi, winniśmy wytrwale biec w wyznaczonych nam zawodach. Patrzmy na Jezusa, który nam w wierze przewodzi i ją wydoskonala. On to zamiast radości, którą Mu obiecywano, przecierpiał krzyż, nie bacząc na [jego] hańbę, i zasiadł po prawicy tronu Boga."

Jezus cierpiał i był prześladowany przez ludzi, których stworzył, a jednak wypełnił swoją misję zbawienia. Jednak ponieważ wiedział, iż będzie siedział po prawicy tronu Boga oraz był świadomy, iż rodzaj ludzki potrzebuje zbawienia, znosił ból aż do końca. W końcu umarł na krzyży, biorąc na siebie grzechy świata, lecz na trzeci dzień został wzbudzony z martwych i otworzył na drogę zbawienia. Bóg ustanowił Jezusa Królem królów i Panem panów, ponieważ był posłuszny aż do śmierci z miłością i wiarą.

Jakub był wnukiem Abrahama i stał się ojcem narodu izraelskiego. Był bardzo wytrwały. Odebrał swojemu bratu pierworództwo, oszukując go, a następnie uciekł do Haranu. Otrzymał w Betelu obietnicę od Boga.
W Ks. Rodz. 28,13-15 czytamy: „...A oto Pan stał na jej szczycie i mówił: Ja jestem Pan, Bóg Abrahama i Bóg Izaaka. Ziemię, na której leżysz, oddaję tobie i twemu potomstwu. A potomstwo twe będzie tak liczne jak proch ziemi, ty zaś rozprzestrzenisz się na zachód i na wschód, na północ i na południe; wszystkie plemiona ziemi otrzymają błogosławieństwo przez ciebie i przez twych potomków. Ja jestem z tobą i będę cię strzegł, gdziekolwiek się udasz; a potem sprowadzę cię do tego kraju. Bo nie opuszczę cię, dopóki nie spełnię tego, co ci obiecuję." Jakub przeszedł przez dwadzieścia lat prób aż w końcu mógł zostać ojcem narodu izraelskiego.

Józef był jedenastym z synów Jakuba i otrzymał najwięcej miłości od swojego ojca. Pewnego dnia jednak został sprzedany do Egiptu przez swoich własnych braci. Został niewolnikiem w obcym kraju, jednak nie zniechęcał się. Swoją pracę wykonywał możliwie najlepiej i ze względu swojej lojalności, zyskał uznanie swojego pana, a jednak został niesprawiedliwie oskarżony i wtrącony do więzienia. Spadało na niego jedno doświadczenie za drugim.
Oczywiście, wszystko to, co działo się w jego życiu, miało miejsce dzięki łasce Bożej, ponieważ Bóg przygotowywał Józefa, by mógł zostać zarządcą Egiptu. Jednak wiedział o tym tylko Bóg.

A jednak Józef nie zniechęcał się, ponieważ miał zaufanie i wierzył obietnicom Bożym, które otrzymał w dzieciństwie. Wierzył, że Bóg sprawi, iż jego sen się spełni, w którym słońce, księżyc oraz jedenaście gwiazd złożyły mu pokłon, dlatego nie załamywał się tym, co się działo. W pełni ufał Bogu i znosił trudności, postępując zgodnie ze Słowem Bożym. Jego wiara była prawdziwą wiarą.

Jak zachowalibyście się w jego sytuacji? Czy potraficie sobie wyobrazić, co czuł przez 13 lat odkąd został sprzedany w niewolę? Prawdopodobnie usilnie modlilibyście się do Boga, aby wybawił was z zaistniałej sytuacji. Prawdopodobnie zastanawialibyście się nad sobą i żałowali popełnionego zła, prosząc o odpowiedzi na Bożą modlitwę. Prosilibyście o łaskę Bożą ze łzami i gorliwością. Natomiast jeśli przez rok, dwa lub więcej nie otrzymalibyście odpowiedzi, a zamiast tego doświadczali jeszcze więcej trudów, jak byście się czuli?

Józef znalazł się w więzieniu w najlepszych latach swojego życia, dni mijały bez celu, więc naprawdę miał prawo czuć się beznadziejnie. Gdyby nie miał wiary z pewnością tak właśnie by było. Jeśli wspominał chwile spędzone w domu ojca, pewnie czuł wielki żal. Jednak Józef zawsze ufał Bogu, który troszczył się o niego, i wierzył w miłość Boga, który daje to co najlepsze w odpowiednim czasie. Nigdy nie stracił nadziei nawet w chwili prób i postępował wiernie, zachowując dobroć i cierpliwość aż jego sen w końcu się wypełnił.

Dawid również zyskał uznanie w oczach Boga jako dziecko Boże. Jednak nawet kiedy został wybrany na króla, musiał przejść przez wiele prób. Nawet Król Saul próbował pozbawić go życia. Wielokrotnie był bliski śmierci. Jednak, ponieważ udało mu się wytrwać z wiarą, został wspaniałym królem, który był w stanie rządzić Izraelem.

W Jak. 1,3-4 czytamy: „...Wiedzcie, że to, co wystawia waszą wiarę na próbę, rodzi wytrwałość. Wytrwałość zaś winna być dziełem doskonałym, abyście byli doskonali, nienaganni, w niczym nie wykazując braków." Zachęcam was do pielęgnowania cierpliwości. Taka cierpliwość będzie budować waszą wiarę oraz duchową dojrzałość. Doświadczycie błogosławieństw i otrzymacie odpowiedzi od Boga, który obiecał błogosławieństwa, jeśli będziemy cierpliwi (Hebr. 10,36).

Cierpliwość, by dostać się do Królestwa Niebieskiego

Potrzebujemy cierpliwości, byśmy mogli znaleźć się w Bożym Królestwie. Niektórzy mówią, iż w młodości chcą cieszyć się życiem, natomiast do kościoła zaczną chodzić, kiedy będą starsi. Inni prowadzą życie wiary w nadziei na przyjście Pana, jednak tracą cierpliwość i zmieniają swoją postawę. Ponieważ Pan nie przychodzi tak szybko, jak im się wydawało, czują, iż zbyt trudno jest wytrwać w wierze. Stwierdzają, że zrobią sobie przerwę w dążeniu do uświęcenia i wykonywaniu pracy dla Boga, a kiedy zobaczą znaki powtórnego przyjścia, znów zaczną bardziej się starać.

Jednak nikt nie wie, kiedy Bóg powoła naszego ducha lub kiedy przyjdzie Jezus. Nawet gdybyśmy znali ten czas, nasza wiara nie byłaby taka, jak powinna. Ludzie nie mogą po prostu mieć duchowej wiary, by otrzymać zbawienie. Możemy je otrzymać tylko dzięki łasce Bożej. Szatan nie pozwoli na to, byśmy łatwo otrzymali zbawienie. Co więcej, jeśli mamy nadzieję, że dostaniemy się do Nowego Jeruzalem, nasze działania powinny być wykonywane w cierpliwości.

W Ps. 126,5-6 czytamy: „Którzy we łzach sieją, żąć będą w radości. Postępują naprzód wśród płaczu, niosąc ziarno na zasiew: Z powrotem przychodzą wśród radości, przynosząc swoje snopy." Konieczne są wysiłki, łzy i żal podczas wysiewu ziarna i wzrostu. Czasami, deszcz, który jest tak potrzebny, nie pojawia się, być może pojawiają się huragany, które niszczą plony. Jednak w końcu pojawia się radość obfitych plonów zgodnie z zasadą sprawiedliwości.

Bóg czeka tysiąc lat, który jest dla niego jak jeden dzień, aby zyskać prawdziwe dzieci Boże. Bóg wycierpiał wiele, poświęcając swojego jedynego Syna dla nas. Pan zniósł cierpienie krzyża, natomiast Duch Święty wspiera nas w procesie uświęcenia. Mam nadzieję, że uda nam się w pełni przejść proces uświęcenia, zyskać duchową cierpliwość, pamiętając o miłości Bożej tak, abyśmy mogli otrzymać błogosławieństwa na ziemi i w niebie.

Łuk. 6,36

„Bądźcie miłosierni, jak Ojciec wasz jest miłosierny."

Przeciwko takim rzeczom nie ma zakonu

Rozdział 6

Uprzejmość

Zrozumienie oraz przebaczenie owocami uprzejmości
Potrzeba posiadania serca i uczynków jak Pan Jezus
Odrzucenie uprzedzeń
Dobrotliwość w stosunku do ludzi, którzy cierpią
Nie powinniśmy wytykać niedociągnięć innych ludzi
Szczodrość
Szacunek

Uprzejmość

Czasami ludzie mówią, iż nie rozumieją kogoś mimo, iż próbują lub mimo, iż próbowali komuś wybaczyć, nie są w stanie tego zrobić. Jednak jeśli wydajemy owoc uprzejmości w naszym sercu, nie ma możliwości, byśmy nie potrafili zrozumieć innych lub przebaczyć. Będziemy w stanie okazać zrozumienie każdemu człowiekowi z dobrocią oraz akceptować każdego z miłością. Nie będziemy mówić, że kogoś lubimy z jakiegoś powodu, a inne osoby nie lubimy z jakiegoś innego powodu. Nie będziemy mieć w sobie nienawiści lub niechęci. Nie będziemy mieć złych relacji z ludźmi ani nie będziemy chować urazy.

Zrozumienie oraz przebaczenie owocami uprzejmości

Uprzejmość oznacza bycie miłym. Jednak duchowe znaczenie uprzejmości bliższe jest miłosierdziu. Duchowe znaczenie miłosierdzia obejmuje zrozumienie w prawdzie nawet tych, których inni nie potrafią zrozumieć. Serce człowieka uprzejmego potrafi wybaczyć nawet tym, którym inni nie potrafią wybaczyć. Bóg okazuje współczucie rodzajowi ludzkiemu, okazując nam również miłosierdzie.

W Ps. 130,3 czytamy: „Jeśli zachowasz pamięć o grzechach, Panie, Panie, któż się ostoi?" Jak napisano, jeśli Bóg nie miałby miłosierdzia i osądzał na w sprawiedliwości, nikt nie mógłby stanąć przed Bogiem. Jednak Bóg wybacza i przyjmuje nawet tych, którym ludzie nie potrafią wybaczyć. Ponadto, Bóg oddał swojego jedynego Syna, aby ludzie mogli uniknąć wiecznej śmierci. Ponieważ wierząc w Jezusa, stajemy się dziećmi Boga, Bóg pragnie, abyśmy wypracowali w sobie serce pełne miłosierdzia. Z tego powodu, Bóg powiedział w Łuk. 6,36: „Bądźcie miłosierni, jak Ojciec wasz jest miłosierny."

Tego rodzaju miłosierdzie jest podobne do miłości, jednak pod wieloma względami również się od niej różni. Duchowa miłość jest gotowa do poświęceń, podczas gdy miłosierdzie dotyczy bardziej przebaczenia i akceptacji. Chodzi o to, by być w stanie akceptować drugiego człowieka bez nienawiści i nieporozumień nawet, jeśli nie zasługuje na to, by otrzymać miłość. Nie możemy okazywać nienawiści lub unikać kogoś, kto ma inne opinie niż my, a zamiast tego powinniśmy pocieszać taką osobę, okazując siłę. Jeśli w naszym sercu jest miłość tak, iż akceptujemy innych ludzi, nie będziemy rozgłaszać ich niedociągnięć lub niewłaściwych czynów, lecz sprawimy, iż nasza relacja z takimi osobami będzie dobrze się układać.

W Biblii opisano pewne wydarzenie, które doskonale ukazuje miłosierdzie. Pewnego dnia Jezus modlił się całą noc na Górze Oliwnej, a następnie udał się o poranku do świątyni. Wielu ludzi zgromadziło się, by słuchać jak głosi Słowo Boże. Byli tam również obecni faryzeusze i uczeni w piśmie i to oni właśnie przyprowadzili kobietę do Jezusa. Kobieta była przerażona.

Powiedzieli Jezusowi, że ta kobieta została przyłapana na cudzołóstwie i zapytali Go, co powinni z nią zrobić, ponieważ prawo wymagało jej ukamienowania. Gdyby Jezus powiedział im, aby ją ukamienowali, nie byłoby to zgodne z Jego naukami: „Kochaj swoich nieprzyjaciół." Jednak gdyby im powiedział, aby jej wybaczono, naruszyłby prawo. Wydawało się, iż faryzeusze postawili Jezusa w bardzo trudnej sytuacji. Jednak Jezus po prostu zaczął pisać na piasku i powiedział: „Kto z was jest bez grzechu, niech pierwszy rzuci na nią kamień" (Jan 8,7). Ludzie ci zaczęli mieć wyrzuty sumienia, dlatego zaczęli jeden po drugim opuszczać miejsce zgromadzenia. W końcu pozostał tam tylko Jezus i ta kobieta.

W Ew. Jana 8,11 czytamy: „I Ja ciebie nie potępiam. – Idź, a od tej chwili już nie grzesz." Wypowiadając słowa „I ja cię nie potępiam", Jezus powiedział jej, że wybacza jej grzechy. Jezus wybaczył kobiecie i dał jej szansę, by odwróciła się od grzechu. To właśnie jest miłosierdzie.

Potrzeba posiadania serca i uczynków jak Pan Jezus

Miłosierdzie dotyczy prawdziwego przebaczenia i miłości nawet w stosunku d naszych wrogów. Tak, jak matka troszczy się o swoje nowonarodzone dziecko, tak my powinniśmy okazywać zainteresowanie ludziom wokół. Nawet jeśli są to osoby, które mają wiele wad i popełniają grzechy, my musimy okazać miłosierdzie zamiast osądzać czy potępiać. Powinniśmy nienawidzić grzechu, ale kochać grzesznika; powinniśmy okazywać zrozumienie i wspierać.

Przypuśćmy, że jest dziecko, które bardzo często choruje i jest słabe. Jakie będzie nastawienie matki w stosunku do dziecka? Nie będzie zastanawiać się, dlaczego jej dziecko takie się urodziło ani dlaczego powoduje tyle kłopotów. Nie będzie go nienawidzić. Będzie kochać i współczuć nawet bardziej niż inne dzieci.

Była pewna matka, której syn był upośledzony. Kiedy miał 21 lat, zachowywał się nadal jak dwulatek. Matka nie mogła spuścić go z oczu. Niemniej jednak, nigdy nie uważała, że jest dla niej ciężarem. Współczuła mu i troszczyła się o niego. Jeśli wydajemy taki owoc miłosierdzia, nasze miłosierdzie nie będzie dotyczyło tylko naszych dzieci, ale wszystkich.

Jezus głosił ewangelię Bożego Królestwa w czasie swojej służby na ziemi. Ludzie, którzy Go słuchali, to głównie biedacy – ludzie, których inni uważali za grzeszników, np. poborcy podatków i nierządnice.

Jezus spośród takich ludzi wybrał również swoich uczniów. Ludzie być może uważali, że byłoby rozsądniej wybrać uczniów spośród ludzi zaznajomionych z Prawem Bożym, ponieważ łatwiej byłoby im nauczać Słowa Bożego. Jednak Jezus nie wybrał takich ludzi. Jego uczniami zostali Mateusz, poborca podatków, Piotr, Andrzej, Jakub i Jan, którzy byli rybakami.

Jezus leczył wiele chorób. Pewnego dnia uzdrowił człowieka chorego od 38 lat i czekającego na poruszenie się wody w sadzawce Betesda. Człowiek ten żył w bólu bez nadziei, ponieważ nikt nie zwracał na niego uwagi. Jednak Jezus podszedł do niego i zapytał: „Czy pragniesz zostać uzdrowiony?" i uzdrowił go.

Jezus uzdrowił również kobietę, która cierpiała z powodu krwotoku już od 12 lat. Otworzył też oczy Bartolomeusza, ślepego żebraka (Mat. 9,20-22, Mar. 10,46-52). W drodze do Nain zobaczył wdowę, która opłakiwała śmierć swojego jedynego syna. Pożałował jej i postanowił przywrócić jej syna (Łuk. 7,11-

15). Troszczył się o tych, którzy byli prześladowani i przyjaźnił się w ludźmi, którzy byli odrzuceni, jak poborcy podatków i grzesznicy.

Niektórzy ludzie krytykowali Go za to, iż jadał z grzesznikami, mówiąc: „Dlaczego wasz Nauczyciel jada wspólnie z celnikami i grzesznikami?" (Mat. 9,11), na co Jezus odpowiadał: „Nie potrzebują lekarza zdrowi, lecz ci, którzy się źle mają. Idźcie i starajcie się zrozumieć, co znaczy: Chcę raczej miłosierdzia niż ofiary. Bo nie przyszedłem powołać sprawiedliwych, ale grzeszników" (Mat. 9,12-13). On nauczył nas współczucia i miłosierdzia dla grzeszników i chorych.

Jezus nie przyszedł na ziemię dla bogatych i sprawiedliwych, lecz dla biednych, chorych i grzeszników. Możemy łatwo wydawać owoc miłosierdzia, jeśli będziemy postępować tak jak Jezus. Przyjrzyjmy się, jak należy wydawać owoc miłosierdzia.

Odrzucenie uprzedzeń

Ludzie często sądzą po pozorach. Ich nastawienie w stosunku do ludzi łatwo się zmienia. Oceniają czy ktoś jest bogaty i sławny czy też nie. Boże dzieci nie mogą osądzać innych po pozorach ani zmieniać swojego nastawienie ze względu na czyjś wygląd. Musimy pamiętać nawet o dzieciach i osobach, które są słabsze od nas, by stawać się lepszymi i służyć im z całego serca wypełnionego Bożą miłością.

W Liście do Jak. 2,1-4 czytamy: „Bracia moi, niech wiara wasza w Pana naszego Jezusa Chrystusa uwielbionego nie ma względu na osoby. Bo gdyby przyszedł na wasze zgromadzenie człowiek przystrojony w złote pierścienie i bogatą szatę i przybył także człowiek ubogi w zabrudzonej szacie, a wy spojrzycie na bogato odzianego i powiecie: Usiądź na zaszczytnym miejscu, do ubogiego zaś powiecie: Stań sobie tam albo usiądź u podnóżka mojego, to czy nie czynicie różnic między sobą i nie stajecie się sędziami przewrotnymi?"

Piotr w 1 Liście Piotra 1,17 pisze: „Jeżeli bowiem Ojcem nazywacie Tego, który bez względu na osoby sądzi według uczynków każdego, to w bojaźni spędzajcie czas swojego pobytu na obczyźnie."

Jeśli wydajemy owoc miłosierdzia, nie będziemy osądzać ani potępiać innych ludzi po pozorach. Powinniśmy upewnić się, że nie kierujemy się uprzedzeniami lub nie wyróżniamy kogoś w sensie duchowym. Niektórym trudniej przychodzi zrozumienie kwestii duchowych. Inni są słabi fizycznie, więc być może nie zawsze zachowują się trafnie do sytuacji. Inni z kolei nie postępują zgodnie z tym, jak chciałby tego Jezus.

Kiedy mamy do czynienia z takimi ludźmi, czy zdarza się, że czujemy się sfrustrowani? Czy kiedykolwiek zdarzyło wam się patrzeć na nich z góry? Czy wolicie ich unikać? Czy kiedykolwiek potraktowaliście kogoś z agresją lub nieprzyjemnym nastawieniem?

Niektórzy ludzie mówią o innych i potępiają ich jak gdyby pełnili funkcję sędziego, kiedy taka osoba popełni grzech. Kiedy kobieta, która została oskarżona o cudzołóstwo, została przyprowadzona do Jezusa, wielu ludzi wytykało ją palcami i potępiało ją. Jednak Jezus jej nie potępił, lecz dał jej szansę zbawienia. Jeśli mamy takie miłosierdzie, będziemy mieć współczucie w stosunku do ludzi, którzy otrzymują karę za grzech i będziemy mieć nadzieję, iż uda nam się pomóc im pokonać ich słabości.

Dobrotliwość w stosunku do ludzi, którzy cierpią

Jeśli posiadamy miłosierdzie i współczucie w stosunku do ludzi, którzy cierpią, będziemy zadowoleni z możliwości udzielenia im pomocy. Nie będziemy tylko ich żałować, lecz rzeczywiście będziemy starać się im jakoś pomóc.

W 1 Jana 3,17-18 czytamy: „Jeśliby ktoś posiadał majętność tego świata i widział, że brat jego cierpi niedostatek, a zamknął przed nim swe serce, jak może trwać w nim miłość Boga? Dzieci, nie miłujmy słowem i językiem, ale czynem i prawdą!" Natomiast w Jak. 2,15-16: „Jeśli na przykład brat lub siostra nie mają odzienia lub brak im codziennego chleba, a ktoś z was powie im: Idźcie w pokoju, ogrzejcie się i najedzcie do syta! – a nie dacie im tego, czego koniecznie potrzebują dla ciała – to na co się to przyda?"

Nie powinniśmy myśleć: „Szkoda, że nie ma co jeść, ale tak naprawdę nie mogę nic z tym zrobić, bo mnie również brakuje." Jeśli naprawdę mamy w sercu współczucie, będziemy dzielić się z innymi nawet jeśli zmniejszy się ilość tego, co posiadamy. Jeśli ktoś uważa, że jego własna sytuacja nie pozwala mu na to, by udzielić pomocy, prawdopodobnie nie udzieliłby jej nawet, gdyby się wzbogacił.

I nie chodzi tutaj tylko o kwestie materialne. Kiedy widzimy kogoś, kto cierpi z powodu jakiegokolwiek problemu, powinniśmy mieć w sobie chęć pomocy i ulżenia w bólu. To jest miłosierdzie. W szczególności, powinniśmy troszczyć się o tych, którzy podążają drogą do piekła, ponieważ nie wierzą w Jezusa. Powinniśmy starać się usilnie, by poprowadzić ich drogą zbawienia.

W Kościele Centralnym Manmin od momentu otwarcia miało miejsce wiele znaków działania Bożego. Jednak nadal proszę o jeszcze więcej i poświęcam swoje życie, by manifestować Bożą moc. Sam cierpiałem z powodu biedy i doświadczyłem bólu oraz straciłem nadzieję z powodu chorób. Kiedy widzę ludzi, którzy cierpią, czuję ich ból jak własny i pragnę im pomóc, jak tylko mogę.

Moim pragnieniem jest, by rozwiązać ich problemy i uratować ich przed wiecznym potępieniem tak, by mogli trafić do nieba. Jednak jakże mógłbym pomóc sam tak wielu ludziom? Oczywiście dzięki mocy Bożej. Nawet jeśli nie mogę rozwiązać ich problemów związanych z biedą, chorobami czy innymi rzeczami, mogę pomóc im spotkać Boga. Dlatego pragnę manifestować Bożą moc, aby jak najwięcej ludzi mogło Go spotkać i doświadczyć.

Oczywiście manifestowanie mocy Bożej nie stanowi wypełnienia procesu zbawienia. Nawet jeśli uwierzą, widząc Bożą moc, musimy troszczyć się o nich fizycznie i duchowo aż ich wiara się wzmocni. Dlatego właśnie staram się dostarczać pomoc ubogim nawet wtedy, gdy nasz kościół ma trudności finansowe tak, abyśmy wszyscy z mocą mogli kroczyć w kierunku nieba. W Ks. Przysł. 19,17 czytamy: „Pożycza [samemu] Panu – kto dla biednych życzliwy, za dobrodziejstwo On mu nagrodzi." Jeśli troszczymy się o innych, Bóg z pewnością będzie nam błogosławił.

Nie powinniśmy wytykać niedociągnięć innych ludzi

Jeśli kogoś kochamy, czasami udzielamy rad lub napominamy. Gdyby rodzice nie napominali swoich dzieci i zawsze przebaczali im wszystko tylko dlatego, że je kochają, dzieci byłyby rozpieszczone. Jednak jeśli mamy miłosierdzie nie będziemy od razu chcieli wymierzyć kary, napominać lub wypominać wad. Jeśli zdecydujemy się na to, by dać radę, będziemy się modlić i uczynimy to ze względu na troskę w stosunku do danej osoby. W Ks. Przysł. 12,18 czytamy: „Nierozważnie mówić – to ranić jak mieczem, a język mądrych – lekarstwem." Pastorzy i liderzy, którzy nauczają ludzi w kościele powinni w szczególności o tym pamiętać.

Łatwo jest powiedzieć, że ktoś ma w sercu fałsz przez co nie przynosi chwały Bogu. Łatwo jest wytknąć komuś wady i powiedzieć, że dane zachowanie nie podoba się ludziom. Nawet jeśli to, co powiemy jest prawdą, jeśli wytykamy innym wady, nie kierując się miłością, nie pomagamy innym osiągnąć życia. Nie pomagamy im się zmienić, wręcz przeciwnie – ich uczucia są zranione, czują się zniechęceni i osłabieni.

Czasami niektórzy członkowie kościoła proszą mnie, abym powiedział im, jakie są ich słabości, aby mogli być ich świadomi i zmienić się. Jednak jeśli zaczynam coś mówić, przerywają im i próbują się tłumaczyć swój punkt widzenia, więc tak naprawdę nie jestem w stanie udzielić im rady. Udzielanie rad nie jest czymś łatwym. Być może niektórzy w danej chwili przyjmują radę, jednak jeśli tracą z oczu Ducha Świętego, nikt nie wie, co dzieje się w ich sercu.

Czasami muszę wytykać pewne niedociągnięcia, aby osiągnąć Królestwo Boże lub umożliwić ludziom otrzymanie rozwiązania dla ich problemów. Obserwuję ich wyraz twarzy, modląc się i mając nadzieję, że nie zniechęcą się.

Oczywiście, kiedy Jezus napominał faryzeuszów i uczonych w piśmie, nie chcieli przyjmować Jego rad. Jezus dawał im szansę, aby posłuchali Go i skruszyli się. Ponadto, ponieważ byli nauczycielami ludu, Jezus pragnął, aby uświadomili sobie swoje błędy i nie dali się zwieść hipokryzji. Jednak oprócz takich sytuacji, nie powinniśmy wypowiadać słów, które mogą być dla innych obraźliwe lub obnażać ich niedociągnięć, kiedy upadają. Jeśli chcemy udzielić rady, ponieważ jest to absolutnie konieczne, powinniśmy czynić to z miłością, myśląc o drugim człowieku i troszcząc się o jego duszę.

Szczodrość

Większość ludzi potrafi obdarowywać ludzi, których kocha. Nawet ci, którzy są raczej skąpi dają prezenty, jeśli spodziewają się, iż otrzymają coś w zamian. W Łuk. 6,32 czytamy: „Jeśli bowiem miłujecie tych tylko, którzy was miłują, jakaż za to dla was wdzięczność? Przecież i grzesznicy miłość okazują tym, którzy ich miłują." Możemy wydawać owoc miłosierdzia, jeśli potrafimy ofiarować samych siebie, nie oczekując niczego w zamian.

Jezus wiedział od samego początku, iż Judasz Go zdradzi, jednak traktował go tak samo jak innych uczniów. Kolejny i kolejny raz dawał mu szansę, aby mógł się skruszyć. Nawet, kiedy już wisiał na krzyżu, Jezus modlił się za tymi, którzy Go krzyżowali. W Łuk. 23,34 czytamy: „Ojcze, przebacz im, bo nie wiedzą co czynią." To właśnie jest miłosierdzie – kiedy potrafimy wybaczyć tym, którzy nie zasługują na wybaczenie.

W Ks. Apostolskiej czytamy o Szczepanie, który również wydawał owoc miłosierdzia. Nie był apostołem, jednak był wypełniony łaską i mocą Bożą. Wielkie znaki i cuda miały miejsce dzięki Jego wierze. Ci, którym się to nie podobało, próbowali się z nim spierać, jednak kiedy Szczepan odpowiadał z Bożą mądrością w Duchu Świętym, atakowali go. Ludzie widzieli jego twarz i wyglądał jak anioł, jak napisano w Dz. Ap. 6,15.

Żydzi mieli wyrzuty sumienia, słuchając kazań Szczepana. Zabrali go za miasto i ukamienowali. Nawet kiedy umierał, Szczepan modlił się za tymi, którzy go kamienowali: „Panie, nie poczytaj im grzechu tego" (Dz. Ap. 7,60). Te słowa wskazują na to, iż wybaczył im. Nie miał w sobie nienawiści, lecz wydawał owoc miłosierdzia, ponieważ im współczuł. Szczepan czynił wielkie rzeczy, ponieważ miał charakter Chrystusa.

W jaki sposób możemy to osiągnąć? Czy jest ktoś, kogo nie lubicie lub ktoś z kim nie macie dobrych relacji? Powinniśmy być w stanie akceptować innych ludzi bez względu na to, czy zgadzają się z nami czy też nie. Powinniśmy próbować spojrzeć na sytuację z ich perspektywy, wtedy będziemy w stanie zmienić swoje nastawienie.

Jeśli zastanawiasz się nad motywacją niektórych zachowań innych ludzi, być może nie rozumiesz ich lub być może pojawiają się negatywne uczucia, kiedy widzisz daną osobę. Jednak jeśli spróbujemy spojrzeć na sytuację z perspektywy danej osoby, będziemy w stanie zmienić swoje nastawienie. Będziemy potrafili okazać miłosierdzie w stosunku do osoby, która zachowuje się inaczej niż byśmy chcieli, i modlić się za nią.

Kiedy zmienimy nastawienie i uczucia, odrzucimy nienawiść i inne złe emocje. Jeśli natomiast będziemy zagłębiać się w swoim uporze, nie będziemy w stanie zaakceptować innych ludzi. Nie możemy pielęgnować w sobie nienawiści. Powinniśmy ją odrzucić i zmienić swoje nastawienie, abyśmy byli w stanie akceptować innych i służyć im.

Szacunek

Aby wydawać owoc miłosierdzia, powinniśmy okazywać innym szacunek, kiedy zrobią coś we właściwy sposób oraz powinniśmy być w stanie przyjąć na siebie winę, kiedy coś idzie nie tak, jak powinno. Kiedy inna osoba otrzymuje pochwałę, nawet jeśli pracowaliście wspólnie, nadal powinniśmy się radować. Nie powinniśmy mówić o tym, że wykonaliśmy większą część pracy lub wytykać niedociągnięć drugiej osoby. Powinniśmy być wdzięczni, iż możemy być pewni, że praca została wykonana właściwie, a nawet pracować jeszcze ciężej, kiedy otrzymujemy pochwałę.

Jeśli mama robi coś wspólnie z dzieckiem, w dziecko otrzymuje nagrodę, jak powinna czuć się matka? Matka nie będzie narzekać, mówiąc, iż pomagała swojemu dziecku prawidłowo wykonać pracę, a nie otrzymała nagrody. Ponadto, dla matki przyjemne jest, kiedy ktoś mówi, iż jest piękna, ale jeszcze przyjemniejsze jest, kiedy ktoś komplementuje jej córkę.

Jeśli wydajemy owoc miłosierdzia, będziemy stawiać innych wyżej niż siebie i radować się z ich zasług. Będziemy się radować, kiedy inni otrzymują pochwałę. Miłosierdzie jest cechą Boga Ojca, który jest pełen współczucia i miłości. Nie tylko miłosierdzie, ale również inne owoce Ducha Świętego są typowe dla doskonałego Boga. Miłość, radość, pokój, cierpliwość i inne owoce są częściami serca Bożego.

Dlatego, wydawanie owoców Ducha Świętego oznacza staranie, by posiąść charakter Boży i stać się doskonałymi, jak On doskonały jest. Im dojrzalsze są duchowe owoce, tym wspanialszymi będziemy w oczach Bożych i tym bardziej doświadczymy Bożej miłości. On będzie radował się, iż Jego synowie i córki są do Niego podobne. Jeśli staniemy się dziećmi Bożymi, otrzymamy odpowiedzi na modlitwy, a nasze pragnienia spełnią się, ponieważ Bóg je zna i odpowie nam. Mam nadzieję, że każdy z was będzie wydawał owoce Ducha Świętego w pełni i będzie radością dla Boga we wszystkich tak, byście mogli radować się błogosławieństwami i zamieszkali w Bożym Królestwie jako dzieci odzwierciedlające obraz Boga.

Fil. 2,5

„To dążenie niech was ożywia; ono też było w Chrystusie Jezusie."

Przeciwko takim rzeczom nie ma zakonu

Rozdział 7

Dobroć

Owoc dobroci
Poszukiwanie dobroci zgodnie z wolą Ducha Świętego
Dobroć we wszystkim – dobry Samarytanin
Nie kłóćcie się ani nie wywyższajcie
Nie łamcie trzciny ani nie gaście płonącego knota
Moc, by postępować w dobroci i prawdzie

Dobroć

Pewnej nocy młodu człowiek w starych ubraniach poszedł, by odwiedzić pewną starszą parę, aby zapytać o pokój do wynajęcia. Spojrzeli na niego z żalem i wynajęli mu pokój. Jednak ten młody mężczyzna nie poszedł do pracy, lecz całe dnie spędzał na piciu. W takiej sytuacji większość ludzi zechciałoby się go pozbyć, uważając, że nie będzie w stanie zapłacić za czynsz. Jednak ci starsi ludzie dawali mu jeść i zachęcali go, głosząc ewangelię. Był poruszony ich miłością, ponieważ traktowali go jakby był ich własnym synem. W końcu przyjął Jezusa i odmienił swoje życie.

Owoc dobroci

Dobroć to okazywanie miłości tym, którzy są odrzuceni przez społeczeństwo. Owoc dobroci nie tylko kryje się w sercu, ale również objawia się w czynach tak, jak w przypadku pary starszych ludzi wspomnianych wcześniej.

Jeśli wydajemy owoc dobroci, będziemy wszędzie świadczyć o Jezusie. Ludzie wokół nas będą poruszeni, widząc dobre uczynki i oddadzą chwałę Bogu.

Dobroć oznacza delikatność, taktowność, dobroduszność i cnotliwość. W sensie duchowym chodzi jednak o poszukiwanie dobroci w Duchu Świętym, która jest dobrocią w prawdzie. Jeśli w pełni wydajemy owoc dobroci, nasze serce będzie czyste i nieskazitelne jak serce Jezusa.

Czasami nawet ludzie niewierzący, którzy nie mają w sobie Ducha Świętego, postępują dobrze. Ludzie tego świata osądzają, czy coś jest dobre czy złe zgodnie ze swoim sumieniem. Jeśli nie mają wyrzutów sumienia, uważają, że coś jest dobre i sprawiedliwe. Jednak tak naprawdę sumienie każdego człowieka jest inne. Aby zrozumieć dobroć w Duchu Świętym, najpierw musimy zrozumieć, czym jest sumienie.

Poszukiwanie dobroci zgodnie z wolą Ducha Świętego

Niektórzy nowonawróceni mogą osądzać kazania według własnej wiedzy i sumienia, mówiąc: „To nie zgadza się z twierdzeniami naukowymi." Jednak kiedy wzrastają w wierze i uczą się Słowa Bożego, uświadamiają sobie, że ich standardy osądu nie są właściwe.

Sumienie jest standardem, dzięki któremu rozróżniamy dobro od zła. Sumienie opiera się na fundamencie natury ludzkiej, która zależy od energii z jaką się urodziliśmy oraz od środowiska, w którym się wychowaliśmy. Dzieci, które otrzymują dobrą energię, mają względnie dobrą naturę. Ponadto, ludzie, którzy wychowali się w dobrym środowisku, słysząc i widząc dobre rzeczy, prawdopodobnie wypracowali dobre sumienie. Z drugiej strony, jeśli ktoś rodzi się ze złą naturą otrzymaną od swoich rodziców i mają kontakt ze złem, posiadają złą naturę i złe sumienie.

Na przykład, dzieci, których uczono uczciwości, będą miały wyrzuty sumienia, kiedy skłamią. Jednak dzieci, które wychowywały się pośród kłamców, będą czuły się zupełnie normalnie, kłamiąc. Nie będą się nawet nad tym zastanawiać. Będą uważały, iż kłamstwo jest w porządku i mimo, że ich sumienie będzie splamione złem, nie będą mieli wyrzutów sumienia.

Ponadto, nawet dzieci wychowywane przez tych samych rodziców w tym samym środowisku, przyjmują to, co dzieje się wokół nich w różny sposób. Niektóre dzieci są posłuszne rodzicom, podczas gdy inne mają silną wolę i nie są zbyt posłuszne. Dlatego nawet rodzeństwo może mieć różne sumienie. Sumienie kształtuje się w różny sposób w zależności od wartości społecznych i ekonomicznych w środowisku, w którym dorasta dana osoba. Każde społeczeństwo ma inny system wartości, a standardy sprzed 100 czy 50 lat są inne niż teraz. Na przykład, w czasach niewolnictwa ludzie nie uważali bicia niewolników i zmuszania ich do pracy za coś złego. Około 30 lat temu kobieta nie mogła występować w telewizji. Jak wspomnieliśmy, sumienie zależy od człowieka, miejsca i czasu. Ci, którzy uważają, iż postępują zgodnie ze swoim sumieniem postępują zgodnie z tym, co uważają za dobre. Jednakże nie można powiedzieć, iż postępują dobrze.

Jednak ludzie, którzy wierzą w Boga mają jednakowe standardy, dzięki którym rozróżniają dobro od zła. Mamy Słowo Boże i to właśnie ono jest naszym standardem. Takie standard pozostaje niezmienny wczoraj, dziś i na wieki. Duchowa dobroć oznacza posiadania prawdy jako wzoru sumienia i postępowanie zgodne z nią. Obejmuje chęć postępowania zgodnie z wolą Ducha Świętego i poszukiwanie dobroci. Jednak posiadanie samej chęci dobrego postępowania, nie prowadzi do wydawania owocu dobroci. Owoce dobroci możemy wydawać tylko wtedy, kiedy to pragnienia widoczne jest również w czynach.

W Mat. 12,35 czytamy: „Dobry człowiek z dobrego skarbca wydobywa dobre rzeczy, zły człowiek ze złego skarbca wydobywa złe rzeczy." Natomiast w Ks. Przysł. 22,11 napisano: „Kto kocha czystych sercem, kto ma wdzięk na wargach – przyjacielem króla." Tak jak napisano w powyższych wersetach, ci, którzy prawdziwie poszukują dobroci będą postępowali dobrze i będzie to widoczne w ich czynach. Gdziekolwiek pójdą i z kimkolwiek się spotkają, będą okazywać szczodrość i miłość, widoczną w słowach i czynach. Tak jak człowiek, który spryska się perfumom, będzie ładnie pachnieć, ludzi, którzy mają w sobie dobroć, będą postępowali tak, jak Jezus.

Niektórzy ludzie pragną mieć dobre serce, więc postępują podobnie jak ludzie, którzy są dla nich duchowym autorytetem i chcą się z nimi przyjaźnić. Radują się, kiedy mogą słuchać i uczyć się prawdy. Często się wzruszają i płaczą. Jednak nie są w stanie wykształtować dobrego serca tylko dlatego, że tego chcą. Jeśli słyszą i uczą się czegoś, muszę nie tylko to ugruntować, ale również wprowadzić w czyn. Na przykład, jeśli lubicie przebywać z dobrymi ludźmi i unikacie tych, którzy są źli, czy naprawdę oznacza to pragnienie dobroci?

Są rzeczy, których możemy nauczyć się od ludzi, którzy nie są dobrzy. Nawet jeśli nie potraficie się niczego od nich nauczyć, możecie przyjąć lekcję dla swojego życia. Jeśli znacie kogoś porywczego, możecie nauczyć się, iż porywczość sprawia, iż człowiek często pakuje się w kłótnie i kłopoty. Dzięki temu właśnie możecie zapamiętać, iż porywczość nie jest pożądaną cechą. Jeśli spędzamy czas tylko z dobrymi ludźmi, nie możemy nauczyć się względności tego, co widzimy i słyszymy. Jest wiele rzeczy, których możemy nauczyć się od innych ludzi. Może się wam wydawać, iż bardzo pragniecie dobroci, że uczycie się i jesteście świadomi wielu rzeczy, jednak powinniście sprawdzić, czy nie brakuje wam rzeczywistych uczynków dobroci.

Dobroć we wszystkim – dobry Samarytanin

Od tej chwili będziemy szczegółowo przyglądać się, czym jest duchowa dobroć, która oznacza pragnienie dobroci w prawdzie i

Duchu Świętym. Duchowa dobroć oto bardzo szerokie pojęcie. Boża natura jest dobra. Dobroć Bożą możemy znaleźć w Biblii. W Liście do Fil. 2,1-4 znajdujemy opis prawdziwej dobroci:

„Jeśli więc jest jakieś napomnienie w Chrystusie, jeśli – jakaś moc przekonująca Miłości, jeśli jakiś udział w Duchu, jeśli jakieś serdeczne współczucie – dopełnijcie mojej radości przez to, że będziecie mieli te same dążenia: tę samą miłość i wspólnego ducha, pragnąc tylko jednego, a niczego nie pragnąc dla niewłaściwego współzawodnictwa ani dla próżnej chwały, lecz w pokorze oceniając jedni drugich za wyżej stojących od siebie. Niech każdy ma na oku nie tylko swoje własne sprawy, ale też i drugich!"

Osoba, która wydaje owoc duchowej dobroci poszukuje dobroci w Panu tak, więc wspiera nawet działania, z którymi się nie zgadza. Taka osoba jest skromna i nie ma w sobie próżności. Nawet kiedy inni ludzie nie są tak bogaci czy inteligentni jak ona czy on, potrafi okazywać im szacunek i zaprzyjaźnić się z nimi.

Nawet jeśli inni utrudniają jej życie, po prostu akceptuje ich z miłością. Służy i postępuje pokornie tak, by mieć pokój z wszystkimi. Nie tylko wiernie wypełnia swoje obowiązki, ale również troszczy się o innych ludzi. W 10-tym rozdziale Ewangelii Łukasza czytamy przypowieść o dobrym Samarytaninie.

Pewien mężczyzna został ograbiony podczas swojej podróży z Jerozolimy do Jerycha. Złodzieje zabrali mu ubrania i pozostawili go na śmierć. Pewien kapłan przechodził obok i widział, że człowiek ten praktycznie umiera, ale nie zareagował. Mijał go również pewien Lewita, jednak on również przeszedł obok niewzruszony. Kapłani i Lewici są ludźmi, którzy znają Słowo Boże i służą Bogu. Znają prawo lepiej niż ktokolwiek inny. Są również dumni z tego, jak dobrze służą Bogu.

Kiedy mieli postępować zgodnie z wolą Bożą, ich czyny nie były takie jak powinny. Oczywiście, mogli powiedzieć, że mieli powody ku temu, by mu nie pomóc. Jednak gdyby mieli w sobie dobroć, nie byliby w stanie zignorować człowieka w potrzebie.

Następnie, przechodził pewien Samarytanin. Zobaczył on człowieka, który został obrabowany. Samarytanin pożałował go i opatrzył jego rany. Włożył go na swojego osła i zabrał go do gospody, prosząc, aby właściciel opiekował się nim. Następnego dnia dał gospodarzowi dwa denary i obiecał mu, że kiedy będzie wracał pokryje wszelkie koszty poniesione przez gospodarza.

Gdyby Samarytanin zachowywał się egoistycznie, nie miałby powodu, by zrobić to, co zrobił. Był bardzo zajęty, więc mógł nie chcieć tracić czasu i pieniędzy zajmując się całkowicie obcą osobą. Ponadto, mógł udzielić mu pierwszej pomocy, jednak nie musiał prosić gospodarza, aby opiekował się nim, obiecując, że pokryje wszelkie koszty.

Jednak ponieważ miał w sobie dobroć, nie potrafił zignorować umierającego człowieka. Nawet jeśli musiał stracić czas i pieniądze, nawet jeśli był zajęty, nie potrafił nie zauważyć człowieka, który desperacko potrzebował pomocy. Skoro nie mógł pomóc sam, poprosił kogoś innego. Gdyby również zignorował rannego z osobistych powodów, w przyszłości miałby wyrzuty sumienia.

Z pewnością nieustannie obwiniałby się, myśląc: „Ciekawe, co stało się z tym człowiekiem, który był ranny. Powinienem był go ocalić. Bóg patrzył na mnie. Jak mogłem tego nie zrobić?"

Duchowa dobroć nie może nie wybrać dobroci. Nawet kiedy wydaje nam się, że ktoś próbuje nas oszukać, zawsze wybierzemy dobroć.

Nie kłóćcie się ani nie wywyższajcie

Dobroć została również opisana w Mat. 12,19-20: „Nie będzie się spierał ani krzyczał, i nikt nie usłyszy na ulicach Jego głosu. Trzciny zgniecionej nie złamie ani knota tlejącego nie dogasi, aż zwycięsko sąd przeprowadzi."

Chodzi tutaj o duchową dobroć Jezusa. W czasie swojej misji Jezus nie miał żadnych problemów ani nieporozumień z innymi ludźmi. Od dzieciństwa był posłuszny Słowu Bożemu, a w czasie swojej publicznej służby, czynił tylko dobro, głosił ewangelię o królestwie i uzdrawiał chorych. Jednak źli ludzie wystawiali Go na próbę, aby Go zabić.

Za każdym razem Jezus znał ich złe intencje, jednak nie okazywał nienawiści. Po prostu pragnął uświadomić im prawdziwą wolę Boga. Kiedy nie potrafili tego dostrzec, nie spierał się z nimi, lecz po prostu ich unikał. Nawet kiedy był przesłuchiwany przed ukrzyżowaniem, nie spierał się ani nie kłócił.

Kiedy przejdziemy już przez okres początkowy w naszym chrześcijańskim życiu, poznamy Słowo Boże przynajmniej do pewnego stopnia. Nie będziemy wtedy spierać się z innymi ani podnosić głosu tylko dlatego, że ktoś się z nami nie zgadza. Jednak kłótnie nie dotyczą tylko podnoszenia głosu. Jeśli mamy pewne negatywne uczucia w stosunku do kogoś wywołane jakimiś nieporozumieniami – to właśnie kłótnie, ponieważ wtedy zachwiany zostaje pokój w sercu.

Jeśli w sercu jest konflikt, jego powód pozostaje powodem samym w sobie. Nie jest wynikiem tego, że ktoś utrudnia nam życie. Jest wynikiem tego, że ktoś nie zachowuje się w taki sposób, jaki uważamy za właściwy. Jest wynikiem tego, że nasze spojrzenie jest przyćmione i nie potrafimy zaakceptować tej osoby i ponieważ myślimy po swojemu, co prowadzi do wielu nieporozumień.

Kawałek miękkiej bawełny nie wyda żadnego dźwięku, kiedy spadnie na niego jakiś przedmiot. Nawet jeśli wstrząsamy szklanką, która zawiera w sobie czystą wodę, woda nadal pozostanie czysta. Tak samo jest z sercem człowieka. Jeśli pokój umysły zostaje zachwiany i pojawiają się negatywne uczucia, jest to spowodowane faktem, iż w sercu znajduje się zło.

Jezus nie krzyczał, dlaczego więc inni ludzie krzyczeli? Ponieważ nie chcieli, aby ich wady zostały ujawnione. Krzyczeli, ponieważ nie chcieli być rozpoznani i obsługiwani przez innych.

Jezus manifestował niezwykłe działania: wzbudzał z martwych i otwierał oczy ślepych. Jednak pozostawał skromny. Co więcej, nawet kiedy ludzie prześladowali Go, kiedy wisiał na krzyżu, był posłuszny woli Bożej aż do śmierci (Fil. 2,5-8). Nikt nie słyszał Jego głosu na ulicach. Jego maniery były doskonałe. Był doskonały w zachowaniu, nastawieniu i sposobie wypowiadania się. Jego dobroć, skromność i duchowa miłość były głęboko w Jego sercu i manifestowały się w czynach.

Jeśli wydajemy owoc duchowej dobroci, nie będziemy mieć konfliktów ani problemów z innymi ludźmi. Nie będziemy wytykać innym błędów ani wad. Nie będziemy próbować schlebiać sobie przed innymi. Nawet w sytuacjach cierpienia, nie będziemy narzekać.

Nie łamcie trzciny ani nie gaście palącego knota

Kiedy hodujemy drzewo lub roślinę, jeśli liście lub gałęzie są uszkodzone, zazwyczaj je odcinamy. Kiedy knot się tli, światło nie jest wystarczające, a knot dymi się i kopci, gasimy go. Jednak ludzie, którzy mają duchową dobroć, nie złamią trzciny ani nie zgaszą palącego się knota. Jeśli jest choć najmniejsza szansa na poprawę, nie pozbawiają życia, lecz otwierają drogę do nowego życia dla innych.

Złamana trzcina odnosi się do ludzi grzesznych i złych. Dymiący się knot symbolizuje natomiast osoby, których serce splamione jest złem – osoby, których światłość duszy zaraz może zgasnąć. Mało prawdopodobne jest to, by tacy ludzi przyjęli Jezusa. Mimo, iż wierzą w Boga ich uczynki nie różnią się od uczynków ludzi tego świata. Mówią słowa przeciwko Duchowi Świętemu lub sprzeciwiają się Bogu. W czasach Jezusa, było wielu ludzi, którzy w Niego nie uwierzyli. Mimo, iż wiedzieli Jego wielką moc objawioną w znakach i cudach, sprzeciwiali się działaniu Ducha Świętego. Jezus patrzył na nich z wiarą aż do końca i dawał im możliwości, by przyjęli zbawienie.

W dzisiejszych czasach nawet w kościołach są ludzie, którzy są niczym złamana trzcina lub tlący się knot. Wołają „Panie, Panie" swoimi ustami, jednak żyją w grzechu. Niektórzy z nich sprzeciwiają się Bogi. Mają słabą wiarę, dlatego ciągle upadają i nie uczestniczą w nabożeństwach. Ponieważ czynią rzeczy, które przez kościół uważane są jako złe, wstydzą się wrócić, dlatego odchodzą z kościoła. Jeśli mamy w sobie dobroć, będziemy umieli wyciągnąć do nich rękę.

Niektórzy pragną być kochani i znaleźć w kościele uznanie, jednak kiedy to się ni dzieje, zło w ich sercach zostaje ujawnione. Stają się zazdrośni o tych, którzy są kochani i lepiej stoją duchowo, dlatego często wypowiadają złe słowa na ich temat. Nie uczestniczą w działaniach, których sami nie organizują, natomiast krytykują działania innych.

Nawet w takich przypadkach, ci, którzy potrafią wydawać owoc dobroci duchowej, będą umieli przyjąć takie osoby. Nie będą próbowali osądzić, kto ma racje, a kto nie, kto jest dobry, a kto zły. Będą potrafili dotknąć ich serca, traktując ich właściwie i okazując dobroć.

Niektórzy ludzie proszą mnie, abym ujawnił tożsamość osób, które przychodzą do kościoła z niewłaściwych pobudek. Uważają, że jeśli to zrobię, inni członkowie nie zostaną oszukani, a tacy ludzie przestaną chodzi do kościoła. Tak, być może to prawda, że ujawniając ich, udałoby się oczyścić kościół, jednak jak wiele wstydu wywołałoby, jeśli chodzi o członków rodziny danej osoby lub ludzi, którzy przyprowadzili ich do kościoła? Jeśli wykluczymy z kościoła członków z jakichkolwiek powodów, niewielu ludzi tak naprawdę zostanie w kościele. Jest to jednym z obowiązków kościoła, by zmieniać złych ludzi i prowadzić ich do Królestwa Niebieskiego.

Oczywiście niektórzy ludzie trwają w grzechu i nie przestaną kroczyć drogą śmierci, nawet jeśli okażemy im dobroć. Jednak w takich przypadkach, nie powinniśmy wyznaczać granicy naszej tolerancji lub zapominać o nich. Duchowa dobroć wymaga tego, byśmy pozwolili im szukać zbawienia, nie poddając się do końca.

Pszenica i kąkol wyglądają podobnie, jednak kąkol jest pusty w środku. Po zbiorach rolnik zbiera pszenicę w stodole, a kąkol zostaje spalone lub wykorzystany jako nawóz. Również w kościele jest pszenica i kąkol. Na zewnątrz, wszyscy wierzący mogą wyglądać jednakowo, jednak pszenica postępuje zgodnie ze Słowem Bożym, natomiast kąkol postępuje źle. Jednak tak jak rolnik czeka aż do zbiorów, tak Bóg miłości czeka na tych, którzy są kąkolem, by zmienili swoje życie. Aż do dnia ostatecznego, wszyscy mamy szansę na zbawienie, dlatego powinniśmy patrzyć na innych oczyma wiary i pielęgnować w sobie duchową dobroć.

Moc, by postępować w dobroci i prawdzie

Być może czujecie się zagubieni, jeśli chodzi o kwestię tego, w jaki sposób można odróżnić duchową dobroć od innych cech duchowych. W Przypowieści o Dobrym Samarytaninie, czyny Samarytanina można określić jako dobroczynne i miłosierne. Jeśli nie kłócimy się i nie podnosimy głosu, mamy w sobie pokój i skromność. Czy to wszystko kryje się w charakterze duchowej dobroci?

Oczywiście miłość, dobroczynność, miłosierdzie, pokój i pokora kryją się również pod pojęciem dobroci. Jak wspomnieliśmy wcześniej, dobroć w Bożej naturze to bardzo szerokie pojęcie. Jednak to, co wyróżnia dobroć duchową to chęć postępowania w taki sposób oraz siła, aby rzeczywiście wprowadzić to w czyn. Nie chodzi tutaj o miłosierdzie wywołane tym, że szkoda nam innych ludzi lub samej pomocy. Chodzi o dobroć, dzięki której Samarytanin nie był w stanie przejść obok człowieka, który potrzebował pomocy.

Skromność obejmuje natomiast brak kłótni oraz krzyków. Charakter duchowej dobroci oznacza, iż nie potrafimy zachwiać pokoju, ponieważ postępujemy zgodnie z duchową dobrocią. Zamiast krzyczeć i pragnąć uznania, wolimy być skromni, ponieważ mamy w sercu dobroć.

Jeśli jesteśmy wierni i wydajemy owoc dobroci, będziemy wierni nie tylko w jednym, ale we wszystkich aspektach wiary. Jeśli zaniedbujemy jakiekolwiek obowiązki, ktoś może z tego powodu ucierpieć. Królestwo Boże nie wypełni się w taki sposób, jak powinno. Tak więc, jeśli masz w sobie dobroć, takie sprawy nie będę ci obojętne. Będziesz stosował taką zasadę do wszystkich aspektów duchowych.

Ludzie, którzy są źli nie będą czuli się dobrze, nie czyniąc zła. Jeśli mają w sobie zło, wydaje im się, że złe postępowanie jest w porządku. Ci, którzy mają w zwyczaju przerywać, gdy inni rozmawiają, nie mogą się powstrzymać i przeszkadzają w rozmowach. Mimo, iż mogą zranić czyjeś uczucia, dla nich nie jest to problemem, ponieważ zawsze robią to, co chcą. Niemniej jednak, jeśli próbują odrzucić swoje złe nawyki i negatywne nastawienie, które nie jest zgodne ze Słowem Bożym, będą w stanie odrzucić to, co złe. Jednak jeśli poddają się i nie czynią wysiłków, by pozbyć się zła, pozostaną takimi samymi ludźmi jak byli do tej pory.

Jednak ludzie, którzy mają w sercu dobro, postępują inaczej. Jeśli uczynią coś niewłaściwego, będą czuli się źle i będą ciągle wracać do tego myślami. Tak więc nawet, pomimo strat poniesionych przez nich samych, nie będą chcieli nigdy więcej nikogo zranić. Dojdą do wniosku, że takie zachowanie nie jest odpowiednie i będą starali się postępować zgodnie z zasadami.

Paweł wspomina o takich sytuacjach w swoich listach. Paweł jadł mięso, jednak stwierdził, że jeśli miałoby to sprawić, iż ktoś inny upadnie, woli nie jeść mięsa. Tak samo, jeśli to, co lubimy robić może wywołać dyskomfort innych osób, jeśli mamy w sobie dobroć, będziemy woleli zrezygnować z tego. Uczynimy to dla dobra innych. Nie będziemy robić nic, co wprawiłoby innych w zakłopotanie, ani nie uczynimy nic, co zasmuciłoby Ducha Świętego.

Podobnie, jeśli masz w sercu dobroć, oznacza to, że wydaje owoc dobroci duchowej. Jeśli wydajesz owoc dobroci duchowej, twój charakter będzie podobny do charakteru Jezusa. Nie będzie robić nic, co mogłoby sprawić, iż się potkniesz. Będziesz miał w sobie dobroć i skromność i będzie to również widoczne w twoich czynach. Będziesz okazywać szacunek tak, jak Pan Jezus, a twoje zachowanie i mowa będę doskonałe. Będziesz piękny w oczach innych ludzi, świadcząc o tym, że jesteś dzieckiem Chrystusa.

W Mat. 5,15-16 czytamy: „Nie zapala się też światła i nie stawia pod korcem, ale na świeczniku, aby świeciło wszystkim, którzy są w domu. Tak niech świeci wasze światło przed ludźmi, aby widzieli wasze dobre uczynki i chwalili Ojca waszego, który jest w niebie." Natomiast w 2 Kor. 2,15: „Jesteśmy bowiem miłą Bogu wonnością Chrystusa zarówno dla tych, którzy dostępują zbawienia, jak i dla tych, którzy idą na zatracenie." Dlatego, mam nadzieję, że będziecie oddawać chwałę Bogu we wszystkim wydając owoc duchowej dobroci oraz świadcząc o Jezusie swoim charakterem.

Przeciwko takim rzeczom nie ma zakonu

Ks. Liczb 12,7-8

„*Lecz nie tak jest ze sługą moim, Mojżeszem.*

Uznany jest za wiernego w całym moim domu.

Twarzą w twarz mówię do niego – w sposób jawny,

a nie przez wyrazy ukryte. On też postać Pana ogląda.

Czemu ośmielacie się przeciwko memu słudze,

przeciwko Mojżeszowi, źle mówić?"

Rozdział 8

Wierność

Aby twoja wierność znalazła uznanie
Wykonuj więcej pracy niż ci przydzielono
Bądź wierny w prawdzie
Pracuj zgodnie z wolą Pana
Bądź wierny Domowi Bożemu
Wierność w stosunku do Królestwa Bożego i sprawiedliwość

Wierność

Pewnie człowiek wybrał się na wycieczkę za granicę. Podczas gdy on był na wyjeździe, ktoś musiał zajmować się jego bogactwem, dlatego wynajął trzech ludzi. Każdemu z nich przyznał talenty zgodnie z ich możliwościami. Jeden z nich otrzymał jeden, inny – dwa, a jeszcze inny pięć talentów. Sługa, który otrzymał pięć talentów prowadził interesy swojego pana i zyskał dodatkowych pięć talentów. Te, który otrzymał dwa, również zarobił kolejne dwa, natomiast ten, który otrzymał jeden talent, zakopał go w ziemi i nic nie zarobił.

Pan po swoim powrocie pochwali sługi, którym udało się zarobić, mówiąc: „Dobrze, sługo dobry i wierny" (Mat. 25,21), jednak napomniał sługę, który zakopał talent, mówiąc: „Sługo zły i leniwy" (Mat. 25,26).

Bóg daje nam obowiązki zgodnie z naszymi talentami tak, byśmy mogli dla Niego pracować. Jeśli z całego serca wypełniamy swoje obowiązki, pracując dla Królestwa Bożego, możemy uzyskać miano dobrego i wiernego sługi.

Aby twoja wierność znalazła uznanie

Słownikowa definicja słowa „wierność" podaje, iż jest to cecha, która polega na byciu wytrwałym w miłości i wierności, lub stałym w przestrzeganiu obietnic lub wypełnianiu obowiązków." Nawet w dzisiejszym świecie wierni ludzie są doceniani i uważani za godnych zaufania.

Wierność, którą uznaje Bóg różni się od wierności tego świata. Wypełnianie obowiązków nie świadczy o duchowej wierności. Ponadto, jeśli wkładamy wysiłki i poświęcamy swoje życie jednemu aspektowi, nie oznacza to pełnej wierności. Jeśli wypełniamy obowiązki jak żona, matka lub mąż i ojciec, czy oznacza to całkowitą wierność? Jest to tak naprawdę wypełnianie obowiązków, które do nas należą.

Ludzie, którzy posiadają wierność duchową są skarbami Bożego Królestwa i świadectwem Jezusa. Jest to świadectwo posłuszeństwa. Ktoś może porównać takie posłuszeństwo do posłuszeństwa pracującej krowy, na której właściciel może w pełni polegać. Jeśli dajemy takie świadectwo, Pan uzna nas za swoje dzieci tak jak w przypadku Mojżesza.

Synowie Izraela byli niewolnikami w Egipcie przez ponad 400 lat, a Mojżesz został powołany, by wyprowadzić ich z niewoli do Ziemi Kanaanejskiej. Bóg kochał go i rozmawiał z nim twarzą w twarz. Mojżesz był wierny Bogu i wypełniał Jego polecenia. Nie bał się tego, co miał spaść na jego barki. Był wierny we wszystkim jako przywódca Izraela, tak jak był wierny swojej rodzinie.

Pewnego dnia do Mojżesza przyszedł jego teść Jetro. Mojżesz mówił mu o wspaniałych rzeczach, jakie Bóg uczynił dla Izraela. Następnego dnia Jetro zauważył coś dziwnego. Ludzie ustawiali się w kolejce, by spotkać się z Mojżeszem. Przychodzili do niego, aby rozstrzygał spory. Jetro przedstawił Mojżeszowi swój pomysł.

W Ks. Wyjścia 18,21-22 czytamy: „A wyszukaj sobie z całego ludu dzielnych, bojących się Boga i nieprzekupnych mężów, którzy się brzydzą niesprawiedliwym zyskiem, i ustanów ich przełożonymi już to nad tysiącem, już to nad setką, już to nad pięćdziesiątką i nad dziesiątką, aby mogli sądzić lud w każdym czasie. Ważniejsze sprawy winni tobie przedkładać, sprawy jednak mniejszej wagi sami winni załatwiać. Odciążysz się w ten sposób, gdyż z tobą poniosą ciężar."

Mojżesz wysłuchał jego słów. Uświadomił sobie, że jego teść miał rację i skorzystał z jego rady. Mojżesz wybrał mężczyzn, którzy nienawidzili nieuczciwości i ustanowił ich przywódcami tysięcy, setek, pięćdziesiątek i dziesiątek ludzi. Mieli być sędziami ludzi, a Mojżesz miał rozstrzygać tylko większe konflikty.

Człowiek może wydawać owoc wierności, kiedy wypełnia wszystkie swoje obowiązki z dobrocią w sercu. Mojżesz był wierny swojej rodzinie i swojemu ludowi. Poświęcał czas i wysiłki, dlatego został uznany za wiernego w oczach Boga. W Ks. Liczb 12,7-8 czytamy: „Lecz nie tak jest ze sługą moim, Mojżeszem. Uznany jest za wiernego w całym moim domu. Twarzą w twarz mówię do niego – w sposób jawny, a nie przez wyrazy ukryte. On też postać Pana ogląda. Czemu ośmielacie się przeciwko memu słudze, przeciwko Mojżeszowi, źle mówić?"

Jaki jest człowiek, który w oczach Boga wydaje owoc wierności?

Wykonuj więcej pracy niż ci przydzielono

Kiedy pracownicy otrzymują zapłatę za swoją pracę, nie możemy powiedzieć, iż są wierni, ponieważ po prostu wykonują swoje obowiązki. Możemy powiedzieć, iż wykonali swoją pracę, jednak zrobili tylko to, za co im płacą, więc nie świadczy to o ich wierności. Nawet pośród pracowników, którzy otrzymują zapłatę za swoją pracę, są pracownicy, którzy robią więcej niż to, za co otrzymują zapłatę. Nie wykonują swojej pracy z niechęcią ani nie robią tylko tyle, ile muszą. Wypełniają swoje obowiązki z całego serca, umysłu i duszy, nie oszczędzając czasu ani pieniędzy, ponieważ ich pragnienie pochodzi prosto z serca.

Niektórzy pracownicy kościoła wykonują więcej pracy niż zostaje im zlecone. Pracują nawet po godzinach pracy i w czasie wakacji, a kiedy nie pracują, myślą o swoich obowiązkach wobec Boga. Zawsze zastanawiają się nad sposobami, by lepiej służyć kościołowi i członkom poprzez wykonywanie większej ilości pracy niż otrzymują. Co więcej starają się również być liderami i troszczyć się o dusze. W ten sposób okazują swoją wierność, czyniąc więcej niż im powierzono.

Ponadto, biorąc na siebie odpowiedzialność, osoby, które wydają owoc wierności, wykonają więcej niż to, co jest za zakresie ich odpowiedzialności. Na przykład, w przypadku Mojżesza, który pragnął poświęcić swoje życie, modląc się za naród izraelski, który ciągle grzeszył. W Ks. Wyj. 32,31-32 czytamy słowa jego modlitwy: „Oto niestety lud ten dopuścił się wielkiego grzechu, gdyż uczynił sobie boga ze złota. Przebacz jednak im ten grzech! A jeśli nie, to wymaż mię natychmiast z Twej księgi, którą napisałeś."

Kiedy Mojżesz wypełniał swoje obowiązki, nie tylko był posłuszny temu, co nakazywał Bóg. Nie myślał: „Zrobiłem, co mogłem, by zrealizować wolę Bożą, jednak oni tego nie przyjęli. Nie mogę bardziej im pomóc." Miał w sobie charakter Boży i prowadził lud z miłością i wysiłkiem. Dlatego, kiedy lud popełniał grzechy, czuł się za nich odpowiedzialny.

Tak samo postępował apostoł Paweł. W Rzym. 9,3 czytamy: „Wolałbym bowiem sam być pod klątwą [odłączony] od Chrystusa dla [zbawienia] braci moich, którzy według ciała są moimi rodakami." Wiemy o wierności Pawła i Mojżesza, jednak nie oznacza to, iż sami wypracowaliśmy taką wierność.

Nawet ludzie, którzy mają wiarę i wypełniają swoje obowiązki będą mieli coś innego do powiedzenia niż to, co mówił Mojżesz, jeśli znaleźliby się w takiej samej sytuacji. Być może stwierdzą: „Boże, zrobiłem, co mogłem. Szkoda mi tych ludzi, jednak ja również cierpiałem, prowadząc ich." Są pewnie, iż zrobili wszystko, co mieli do zrobienia. Lub być może martwią się, iż otrzymają napomnienie wraz z ludźmi, którzy grzeszyli, mimo iż sami nie ponosili za to odpowiedzialności. W sercu takich ludzi nie ma wierności.

Oczywiście, nie każdy potrafi modlić się słowami: „Proszę wybacz im ich grzechy lub wymaż mnie z księgi żywota." Oznacza to, że jeśli mamy w sercu wierność, nie będziemy umieli powiedzieć, że nie jesteśmy odpowiedzialni za to, co się nie udało. Zanim pomyślimy o tym, że zrobiliśmy, co mogliśmy, najpierw zastanowimy się nad tym, jakie były nasze motywacje, kiedy otrzymaliśmy zadania do wykonania.

Ponadto, najpierw będziemy myśleć o miłosierdziu i miłości Bożej dla ludzi oraz o tym, że Bóg nie chce ich zgładzić, pomimo ich grzechów. Bóg mówi, iż muszą zostać ukarani za grzechy. Jakie powinny być nasze modlitwy? Powinny płynąć z głębi serca: „Boże, to moja wina. To ja nieodpowiednio ich poprowadziłem. Daj im jeszcze jedną szansę."

Tak powinno być w każdym aspekcie naszego życia. Ci, którzy są wierni, nie powiedzą: „Zrobiłem, co mogłem", lecz będą pracować gorliwie i z głębi serca. W 2 Kor. 12,15 czytamy: „Ja zaś bardzo chętnie poniosę wydatki i nawet siebie samego wydam za dusze wasze. Czyż więc, coraz bardziej was miłując, mniej będę miłowany?"

Paweł wcale nie musiał troszczyć się o dusze. Nie robił też tego powierzchownie. Radował się, wypełniając swoje obowiązki i dlatego był tak otwarty dla ludzi.

Poświęcał się wielokrotnie dla innych ludzi. Tak jak w przypadku Pawła, prawdziwa wierność to wypełnianie swoich obowiązków z radością i miłością.

Bądź wierny w prawdzie

Przypuśćmy, że ktoś dołącza do gangu i poświęca swoje życie szefowi gangu. Czy Bóg uzna go za wiernego? Oczywiście, że nie. Bóg uznaje wierność tylko wtedy, kiedy jest to wierność dobroci i prawdzie.

Jako chrześcijanie prowadzimy gorliwe życie w wierze, dlatego otrzymujemy również obowiązki, które musimy wypełnić. W niektórych przypadkach ludzie początkowo wypełniają obowiązki w gorliwości, jednak po jakimś czasie poddają się. Ich myśli zwracają się ku interesom i rozwijaniu biznesu. Być może tracą gorliwość z powodu trudności w życiu lub ponieważ chcą uniknąć prześladowań ze strony inny ludzi. Dlatego tak łatwo zmieniamy zdanie? Dzieje się tak, ponieważ czasami zaniedbujemy duchową wierność, pracując dla Bożego Królestwa?

Duchowa wierność oznacza oczyszczenie serca – ciągłe oczyszczanie naszych szat. Chodzi o odrzucenie grzechu, fałszu, zła, niesprawiedliwości, bezprawia i ciemności oraz uświęcenie się. W Ap. 2,10 czytamy: „Bądź wierny aż do śmierci, a dam ci wieniec życia." Wierność do śmierci nie oznacza, iż musimy ciężko pracować i być wiernymi aż do rzeczywistej śmierci. Oznacza, iż powinniśmy starać się wypełniać Słowo Boże w naszym życiu.

Aby osiągnąć duchową wierność, musimy najpierw walczyć z grzechem aż do przelewu krwi i zachowywać Boże przykazania. Najważniejsze jest odrzucenie zła, grzechu u fałszu, których Bóg nienawidzi. Jeśli tylko ciężko pracujemy, jednak nie oczyszczamy naszych serc, nie mamy w sobie duchowej wierności. Jak powiedział Paweł: „Codziennie umieram." Tak samo my powinniśmy uśmiercić naszą cielesność i stać się uświęconymi. To jest duchowa wierność.

Bóg pragnie, abyśmy osiągnęli uświęcenie. Musimy to sobie uświadomić i zrobić wszystko, by oczyścić nasze serce. Oczywiści, nie oznacza to, iż nie możemy wypełniać obowiązków, ponieważ nie osiągnęliśmy pełnego uświęcenia. Oznacza, że bez względu na to, jakie są nasze obowiązki, musimy osiągnąć uświęcenie, wypełniając je.

Ci, którzy oczyszczają swoje serce, nie będą zmienni w swojej wierności. Nie poddadzą się w wykonywaniu swoich obowiązków, tylko dlatego, iż doświadczają trudności w codziennym życiu. Obowiązki dane nam przez Boga to przymierze między Bogiem a nami, dlatego nie możemy go złamać bez względu na okoliczności.

Z drugiej strony, co się stanie, jeśli zaniedbamy oczyszczanie naszych serc? Nie będziemy w stanie zachować wierności, kiedy pojawią się trudności i problemy. Możemy nawet porzucić naszą relację z Bogiem i zaprzestać wykonywania naszych obowiązków. Jeśli w końcu odzyskamy łaskę w oczach Boga, będziemy pracować jeszcze ciężej przez jakiś czas, ale później znów wszystko wróci do normy. Pracownicy, którzy są tak zmienni, nie zostaną uznani za wiernych nawet jeśli dobrze wykonują swoje zadanie.

Wierność, której oczekuje Bóg to wierność duchowa, która oznacza oczyszczenie serca. Jednak samo oczyszczenie serca nie jest nagrodą. Oczyszczenie serce dotyczy zbawionych dzieci Bożych. Jednak jeśli odrzucamy grzech i wypełniamy obowiązki z uświęconym sercem, możemy wydawać lepsze owoce niż kiedy próbujemy wypełniać obowiązki z cielesnym nastawieniem. Tylko wtedy otrzymamy najwspanialsze nagrody.

Na przykład, przypuśćmy, że pocisz się podczas pracy ochotniczej w kościele w niedzielę. Kłócisz się z ludźmi i zaburzasz pokój. Jeśli służysz kościołowi, narzekając, nie możesz liczyć na nagrodę. Jednak jeśli służysz kościołowi w dobroci serca i z miłością, mając pokój z innymi ludźmi, twoja praca będzie dla Boga przyjemna, a twoje uczynki będą stanowiły twoją nagrodę.

Pracuj zgodnie z wolą Pana

W kościele musimy pracować zgodnie z wolą Bożą. Ponadto musimy być wiernymi i posłusznymi naszym przywódcom zgodnie z porządkiem kościoła. W Ks. Przysł. 25,13 czytamy: „Czym jest chłód śniegu w dzień żniwa, tym wierny zleceniu posłaniec: bo ducha panu orzeźwia."

Nawet jeśli jesteśmy gorliwi w wykonywaniu naszych obowiązków, nie możemy zaspokoić pragnienia pana, jeśli robimy tylko to, czego od nas wymaga. Na przykład, przypuśćmy, że wasz szef mówi wam, byście zostali w biurze, bo ma przyjść ważny klient. Jednak macie pewne rzeczy do załatwienia poza biurem i wychodzicie, aby się tym zająć, a okazuje się, że zajmuje wam to cały dzień. Nawet jeśli wyszliście, by wykonać swoje zadania poza biurem, wasz szef uzna, iż nie byliście wierni.

Powodem, dla którego nie jesteśmy posłuszni woli szefa jest to, że chcemy realizować własne pomysły lub ponieważ mamy własne egoistyczne motywacje. Może wydaje się, iż taki człowiek służy swojemu szefowi, jednak to, co robi nie jest wiernością. Postępuje on tylko zgodnie ze swoimi pragnieniami, zapominając o woli szefa.

W Biblii czytamy o człowieku, który miał na imię Joab, a który był krewnym Dawida i przywódcą jego armii. Joab był z Dawidem w najtrudniejszych chwilach, kiedy Saul ścigał Dawida. Miał mądrość i był bardzo dzielny. On zajmował się sprawami, które musiały być załatwione. Kiedy zaatakował Amonitów i zajął ich miasto, pokonując ich, pozwolił Dawidowi przyjąć zwycięstwo na siebie. Nie chciał chwały, ponieważ Dawid był jego królem.

Joab służył Dawidowi bardzo dobrze, lecz Dawid nie był zadowolony, ponieważ Joab okazał mu nieposłuszeństwo, kiedy było to dla niego korzystne. Nie zawahał się, lecz postąpił niewłaściwie tylko dlatego, że chciał osiągnąć własne cele.

Na przykład, generał Abner, który był wrogiem Dawida, przyszedł do niego i poddał się. Dawid przywitał go i odesłał, ponieważ Dawid mógł łatwiej rozwiązać konflikt, przyjmując go. Jednak kiedy Joab dowiedział się o tym, wyruszył za Abrenem i zabił go, ponieważ Abner zabił brata Joaba we wcześniejszej bitwie. Wiedział, iż Dawid będzie w trudnej sytuacji, jeśli zabije Abnera, jednak zdecydował się postępować według własnych emocji.

Kiedy syn Dawida – Absalom – zbuntował się przeciwko ojcu, Dawid poprosił żołnierzy, którzy mieli walczyć z żołnierzami Absaloma, aby traktowali jego syna z życzliwością. Mimo, iż Joab wiedział o tym, po prostu zabił Absaloma. Być może uważał, że jeśli pozostawią go przy życiu, ponownie się zbuntuje. Jednak było to sprzeczne z wolą króla.

Mimo, iż tyle przeszedł razem z Dawidem, nie był mu posłuszny w najważniejszych momentach, dlatego Dawid nie mógł mu ufać. W końcu Joab zbuntował się przeciwko królowi Salomonowi, synowi Dawida, i został skazany na śmierć. Joab próbował nawet uczynić królem człowieka, którego sam uważał za odpowiedniego na to stanowisko. Służył Dawidowi przez całe swoje życie, jednak zamiast zostać uznanym za zasłużonego, skończył jako buntownik.

Kiedy wykonujemy pracę dla Boga, nie skupiając się na swoich ambicjach, musimy pamiętać, by postępować zgodnie z wolą Bożą. Nie ma sensu być wiernym, sprzeciwiając się woli Bożej. Kiedy pracujemy w kościele, również powinniśmy postępować zgodnie z postanowieniami przywódców kościoła, a nie kierować się swoimi pomysłami. W ten sposób szatan nie będzie mógł oskarżać nas przed Bogiem, a my będziemy mogli przynosić Bogu chwałę we wszystkim, co czynimy.

Bądź wierny Domowi Bożemu

Wierność domowi Bożemu oznacza bycie wiernym we wszystkich aspektach życia. W kościele, powinniśmy wypełniać nasze obowiązki, nawet jeśli mamy ich wiele. Nawet jeśli nie mamy konkretnych obowiązków, naszym obowiązkiem jest być obecnymi.

Nie tylko w kościele, ale również w pracy czy w szkole, każdy z nas ma jakieś obowiązki. We wszystkich aspektach, musimy wypełniać swoje obowiązki jako chrześcijanie. Musimy być wierni domowi Bożemu jako Boże dzieci, jako przywódcy, jako członkowie kościoła, członkowie rodziny, pracownicy firmy czy też studenci lub nauczyciele w szkole. Nie możemy być wierni w jednej lub dwóch rzeczach, a zaniedbywać inne. Musimy być wierni we wszystkim.

Ktoś może pomyśleć: „Mam tylko jedno ciało, jak mam być wierny we wszystkim?" Jednak kiedy osiągamy pełnię duchową, wierność domowi Bożemu nie jest dla nas trudna. Nawet jeśli inwestujemy tylko odrobinę czasu, możemy być pewni, że zbierzemy owoce, jeśli ziarno zostało wysiane w duchu.

Ponadto, ci, którzy osiągnęli pełnię duchową, nie kierują się własnymi egoistycznymi pobudkami, lecz myślą o innych. Patrzą na życie z perspektywy innych ludzi. Dlatego wypełniają swoje obowiązki, nawet jeśli nadal muszą osiągnąć uświęcenie. Jeśli osiągniemy odpowiedni poziom duchowy, nasze serce będzie wypełnione dobrocią. Jeśli mamy w sobie dobro, nie będziemy skłaniać się tylko w jednym kierunku. Nawet jeśli mamy wiele obowiązków, nie będziemy zaniedbywać żadnych.

Zrobimy, co możemy, by zatroszczyć się o nasze otoczenie, dbając o innych ludzi. Ludzie wokół nas zauważą prawdę w naszych sercach. Nie będą rozczarowani, ponieważ będą wdzięczni, że ktoś się o nich troszczy.

Na przykład, jedna osoba ma dwa obowiązki; jest przywódcą grupy i członkiem innej grupy. Jeśli ma dobroć w sercu i wydaje owoc wierności, nie będzie zaniedbywać żadnego ze swoich obowiązków. Nie powie po prostu: „Członkowie drugiej grupy zrozumieją, jeśli nie będzie mnie z nimi, ponieważ jestem przywódcą pierwszej grupy." Jeśli fizycznie nie może z nimi być, będzie próbowała im jakoś pomóc. Podobnie, my możemy być wierni domowi Bożemu i mieć pokój z ludźmi, jeśli mamy w sobie dobroć.

Wierność w stosunku do Królestwa Bożego i sprawiedliwość

Józef został sprzedany jako niewolnik do domu Potyfara, przywódcy gwardii królewskiej. Józef był wierny i godny zaufania tak, że Potyfar zostawił w jego rękach cały dom i powierzył mu nad nim opiekę. Józef świetnie potrafił zadbać o najmniejsze rzeczy, mając na uwadze dobro swojego pana.

Królestwo Boże potrzebuje wiernych pracowników jak Józef. Jeśli masz jakieś obowiązki i wypełniasz je wiernie tak, że twój przywódca nie musi ich sprawdzać, stanowisz źródło siły, potrzebnej w Bożym Królestwie.

W Łuk. 16,10 czytamy: „Kto w drobnej rzeczy jest wierny, ten i w wielkiej będzie wierny; a kto w drobnej rzeczy jest nieuczciwy, ten i w wielkiej nieuczciwy będzie." Mimo, iż Józef służył ziemskiemu panu, pracował wiernie, ponieważ służył Bogu. Bóg widział to, dlatego Józef mógł został zarządcą Egiptu.

Nigdy nie zaprzestałem wykonywać pracy dla Boga. Zawsze nocami modliłem się, również przed otwarciem kościoła, jednak kiedy kościół został otwarty, modliłem się od północy do 4.00 nad ranem, a następnie prowadziłem poranne modlitwy o 5.00 rano. Wtedy nie mieliśmy jeszcze spotkań modlitewnych, które rozpoczynają się o 9.00, a które teraz odbywają się regularnie. Nie mieliśmy innego pastora ani innych przywódców, dlatego sam musiałem prowadzić spotkania modlitewne. Jednak nigdy nie przegapiłem żadnego z nich.

Ponadto, musiałem przygotowywać kazania na nabożeństwa niedzielne, nabożeństwa środowe i całonocne nabożeństwa piątkowe, uczęszczając również do seminarium teologicznego. Nigdy nie odsuwałem na bok swoich obowiązków ani nie spychałem ich na innych tylko dlatego, że byłem zmęczony. Kiedy wracałem z seminarium, zajmowałem się chorymi lub odwiedzałem członków kościoła. Wielu chorych ludzi przyjeżdżało również z innych krajów. Za każdym razem wkładałem swoje serce w każdą wizytę, by wspierać duchowo członków kościoła.

W tamtym czasie niektórzy uczniowie musieli przyjeżdżać do kościoła autobusem i przesiadać się dwa lub trzy razy. Teraz mamy kościelne autobusy, ale wtedy nie mieliśmy ich do dyspozycji. Dlatego chciałem, aby uczniowie mogli bez przeszkód przyjeżdżać do kościoła, nie musząc martwić się o bilety. Odprowadzałem ich na przystanek i dawałem im bilety. Dawałem im tyle, aby mogli wrócić na kolejne nabożeństwo. Dary, które zbieraliśmy w kościele wynosiły zazwyczaj zaledwie kilkadziesiąt dolarów, dlatego kościół nie mógł pokrywać takich kosztów, dlatego płaciłem za bilety z własnych pieniędzy.

Kiedy przychodziła nowa osoba, każdą z nich uważałem za skarb, więc modliłem się za nich i służyłem im z miłością, by nie stracić żadnej z nich. Z tego powodu żadna z osób, które przyszły wtedy do kościoła, nigdy go nie opuściła. Kościół wzrastał. Teraz, kiedy kościół ma wielu członków, czy moja wierność mogła osłabnąć? Oczywiście, że nie. Moja gorliwość nigdy nie osłabnie!

Teraz mamy ponad 10 000 kościołów na całym świecie, mamy też wielu pastorów, starszych, diakonów i liderów w każdym regionie. Modlę się coraz bardziej gorliwie, a moja miłość do dusz rośnie.

Czy twoja gorliwość ostygła? Czy znasz kogoś, kto miał obowiązki dane mu przez Boga, lecz nie chce ich już wypełniać? Czy twoja gorliwość nie ostygła, ponieważ wykonujesz ciągle te same obowiązki? Jeśli mamy prawdziwą wiarę, nasza wierność będzie wzrastać, a my będziemy coraz dojrzalsi w wierze i wierni naszemu Panu, by osiągnąć Królestwo Boże i zaprowadzić tam wiele dusz. W niebie otrzymamy wspaniałe nagrody za naszą wierność.

Gdyby Bóg pragnął wierności tylko w czynach, nie stworzyłby rodzaju ludzkiego, ponieważ ma aniołów i cherubinów, którzy są mu posłuszni. Jednak Bóg nie chciał tylko istot, które byłyby Mu posłuszne bezwarunkowo jak roboty. Chciał dzieci, które byłyby Mu wierne z miłości i z głębi serca.

W Ps. 101,6 czytamy: „Oczy kieruję na wiernych w kraju, ażeby ze mną mieszkali. Ten, który chodzi drogą nieskalaną, będzie mi usługiwał." Ci, którzy odrzucą wszelkie formy zła i będą wierni domowi Bożemu, otrzymają błogosławieństwa i wejdą do Nowego Jeruzalem, które jest najpiękniejszym miejsce w Niebie. Dlatego mam nadzieję, że będziecie pracownikami, którzy będą niczym filary Bożego Królestwa i będziecie mogli radować się bliskością tronu Boga.

Mat. 11,29

„Weźcie moje jarzmo na siebie

i uczcie się ode Mnie, bo jestem cichy

i pokorny sercem, a znajdziecie ukojenie

dla dusz waszych."

Przeciwko takim rzeczom nie ma zakonu

Rozdział 9

Łagodność

Łagodność, dzięki której możemy akceptować innych ludzi
Duchowa łagodność, której towarzyszy szczodrość
Cechy charakteru tych, którzy wydają owoc łagodności
Wydawanie owocu łagodności
Pielęgnowanie dobrej gleby
Błogosławieństwa łagodności

Łagodność

Zaskakująco wiele osób martwi się porywczością, depresją lub swoim zbyt introwertycznym lub ekstrawertycznym charakterem. Niektórzy zrzucają wszystko na swoją osobowość, kiedy coś nie wychodzi im tak, jakby chcieli: „Nie mogę się powstrzymać, taki już jestem." Jednak Bóg stworzył człowieka i nietrudno Mu go zmienić, ponieważ ma wystarczającą moc.

Mojżesz zabił człowieka, ponieważ był porywczy, jednak zmienił się dzięki mocy Bożej tak, iż stał się najpokorniejszym i najłagodniejszym człowiekiem na ziemi. Apostoł Jan był nazywany „synem gromu", jednak zmienił się dzięki mocy Bożej i został „apostołem miłości."

Jeśli chcemy odrzucić zło i oczyścić nasze serce, nawet jeśli jesteśmy porywczy, lubimy się przechwalać lub jesteśmy egoistyczni, Bóg może nas zmienić i wykształtować w nas łagodność.

Łagodność, dzięki której możemy akceptować innych ludzi

W słowniku łagodność opisana jest jako stan bycia łagodnym, delikatnym, miłym i uprzejmym. Ci, którzy są nieśmiali lub ci, którzy nie potrafią wyrazić siebie, mogą wydawać się osobami łagodnymi. Ci, którzy są naiwni lub nie denerwują się również mogą sprawiać takie wrażenie z ludzkiego punktu widzenia.

Jednak duchowa łagodność nie oznacza tylko delikatności. Oznacza posiadanie mądrości oraz umiejętności rozróżniania między dobrem i złem; oznacza zrozumienie i akceptowanie innych ludzi. Duchowa łagodność to szczodrość i delikatność. Jeśli jesteś osobą szczodrą, nie oznacza to, że zawsze musisz być łagodny, ale oznacza, że potrafisz zachowywać się z godnością w każdej sytuacji.

Serce osoby łagodnej jest miękkie jak bawełna. Jeśli rzucisz kamieniem w bawełnę lub ukłujesz ją igłą, bawełna otuli przedmiot, który jej dotyka. Podobnie, bez względu na to jak jesteś traktowany, jeśli masz w sobie duchową łagodność, nie będziesz żywił negatywnych uczuć w stosunku do innych ludzi. Nie będziesz się gniewał ani doświadczał dyskomfortu, tym bardziej nie będziesz sprawiał, że inni go doświadczają.

Ludzie łagodni nie osądzają ani nie potępiają, lecz okazują zrozumienie i akceptację. Ludzie czują się dobrze w ich towarzystwie. Dużo osób przychodzi, aby przy nich odpocząć. Są niczym drzewo, w którego gałęziach siadają ptaki, gdzie wiją gniazda i odpoczywają.

Mojżesz jest jednym z ludzi, którzy zostali przez Boga uznani za łagodnych. W Ks. Liczb 12,3 czytamy: „Mojżesz zaś był człowiekiem bardzo skromnym, najskromniejszym ze wszystkich ludzi, jacy żyli na ziemi." Z Egiptu wyszło ok. 600 tysięcy dorosłych mężczyzn, łącznie z kobietami i dziećmi liczba osiągnęłaby ponad dwa miliony.

Prowadzenie tak wielu ludzi z pewnością było trudne, w szczególności, iż byli to ludzie, którzy przez wiele lat byli niewolnikami w Egipcie. Byli regularnie bici i obrażani, wykonywali bardzo ciężką pracę, więc ich serca były z pewnością zatwardziałe. W takich okolicznościach niełatwo objawić łaskę i pokazać miłość Bożą. Dlatego Izraelici byli nieposłuszni Bogu za każdym razem, kiedy Mojżesz objawiał im wielką moc Bożą. Zawsze kiedy musieli stawić czoła trudnościom, zaczynali narzekać i występowali przeciwko Mojżeszowi. Wiedząc, że Mojżesz prowadził tych ludzi po pustyni przez 40 lat, możemy być pewni jego duchowej łagodności. Jego serce było pełne duchowej łagodności, która była owocem Ducha Świętego.

Duchowa łagodność, której towarzyszy szczodrość

Czy jest ktoś, kto myśli w następujący sposób: "Ja się nie denerwuję. Uważam się za człowieka łagodniejszego niż inni, jednak nie otrzymuję odpowiedzi na moje modlitwy. Nie słyszę też głosu Ducha Świętego"? Tacy ludzie powinni upewnić się, czy ich łagodność nie jest łagodnością cielesną. Ludzie mogą uważać cię za osobę łagodną, jeśli jesteś spokojny i delikatny, jednak to tylko łagodność cielesna.

Jednak Bóg pragnie duchowej łagodności. Duchowa łagodność nie polega tylko na byciu łagodnym i delikatnym, jednak obejmuje również cnotliwą szczodrość. Oprócz delikatności, powinniśmy mieć również w sercu szczodrość widoczną na zewnątrz, aby być w stanie w pełni wykształtować duchową łagodność. To tak jakby ktoś miał na sobie piękny garnitur, który pasuje do jego pięknego charakteru. Nawet jeśli ktoś ma dobry charakter, jeśli chodzi nago, jego nagość będzie jego wstydem. Podobnie, łagodność pozbawiona szczodrości nie jest pełna.

Szczodrość jest jak ubranie, które sprawia, iż łagodność jaśnieje blaskiem, jednak różni się od legalistycznych i fałszywych czynów. Jeśli nie mamy w sercu świętości, nie można powiedzieć, iż mamy szczodrość tylko dlatego, że nasze uczynki są dobre. Jeśli skłaniamy się w kierunku właściwych czynów zamiast pielęgnować nasze serca, prawdopodobnie przestaniemy być świadomi naszych niedociągnięć i będziemy uważać, iż wzrastamy duchowo.

Jednak nawet na tym świecie, ludzie, którzy tylko odpowiednio wyglądają, a nie zachowują się właściwie, nie zdobędą serc innych. W wierze skupianie się na czynach, zapominając o pielęgnowaniu wewnętrznego piękna, jest bezsensowne.

Na przykład, niektórzy ludzie postępują właściwie, lecz osądzają i patrzą z góry na ludzi, którzy nie postępują tak, jak oni. Upierają się przy własnych standardach, uważając, że są właściwe i dziwiąc się, że inni postępują inaczej. Mogą wypowiadać miłe słowa, kiedy udzielają rad, jednak osądzać w sercu. Ludzie nie będą szukali u nich pokoju. Będą czuli się zranieni i zniechęceni, więc będą woleli trzymać się od nich z daleka.

Niektórzy ludzie denerwują się i irytują, ponieważ mają w sobie fałsz i zło. Jednak uważają, że jest to tylko „słuszne oburzenie", które odczuwają dla dobra innych. Jednak ci, którzy mają w sobie szczodrość nie będą tracić pokoju umysłu w każdej sytuacji.

Jeśli naprawdę pragniesz wydawać owoce Ducha Świętego, nie możesz po prostu ukrywać zła w swoim sercu tym, co zewnętrzne. Jeśli tak czynisz to jest to tylko pokaz dla innych ludzi. Musisz mieć samokontrolę we wszystkim i wybierać dobroć każdego dnia.

Cechy charakteru tych, którzy wydają owoc łagodności

Kiedy ludzie widzą łagodne osoby, które mają wielkie serca, mówią, że ich serce jest jak ocean. Ocean przyjmuje nawet zanieczyszczoną wodę ze strumieni i rzek, a następnie oczyszcza ją. Jeśli nasze serce jest wielkie jak ocean, możemy prowadzić grzeszników do zbawienia.

Jeśli okazujemy szczodrość, a w sercu mamy łagodność, możemy zyskać serca wielu ludzi i osiągnąć wiele dla Królestwa Bożego. Podam wam teraz kilka przykładów cech charakteru ludzi, którzy wydają owoc łagodności.

Zachowują się z godnością i umiarkowaniem.

Ludzie, którzy wydają się łagodni, lecz tak naprawdę są niezdecydowani, nie potrafią akceptować innych. Będą wykorzystywani i poniżani. Niektórzy królowie byli łagodni, jednak nie posiadali szczodrości, więc sytuacja w ich kraju nie była stabilna. Później ludzie ocenili ich jako łagodnych, lecz nie umiejących podjąć decyzji.

Z drugiej strony, niektórzy królowie byli ciepli i łagodni, jednak mieli też mądrość, której towarzyszyła godność. Kiedy tacy ludzie sprawowali władzę, sytuacja w kraju była stabilna i ludzie żyli w pokoju. Podobnie, ci, którzy mają w sobie łagodność i szczodrość mają właściwe standardy osądu. Robią to, co sprawiedliwe, właściwie odróżniają dobro od zła.

Kiedy Jezus oczyścił Świątynie i potępił hipokryzję faryzeuszy i sadyceuszy, okazał siłę i moc. Miał łagodność w sercu, która nie potrafiła złamać uszkodzonej trzciny ani ugasić tlącego się knota, jednak potrafił napominać, kiedy było to konieczne. Jeśli masz godność i sprawiedliwość w swoim sercu, ludzie nie będą cię poniżać, nawet jeśli nigdy nie będziesz podnosić głosu ani okazywać mocy.

Wygląd zewnętrzny wiąże się z posiadaniem cech Jezusa i doskonałymi uczynkami ciała. Ci, którzy mają godność i władzę w słowach, nie wypowiadają bezsensownych słów. Zakładają odpowiednie ubrania na daną okazję; mają odpowiedni wyraz twarzy, który przyciąga, a nie odpycha ludzi.

Na przykład, przypuśćmy, że jakaś osoba ma nieuczesane włosy i niechlujne ubranie oraz zachowuje się niegodnie. Przypuśćmy, że lubi opowiadać dowcipy i mówi o rzeczach bez znaczenia. Prawdopodobnie trudno takie osobie zyskać zaufanie i szacunek innych. Nikomu nie będzie zależało na akceptacji takiej osoby.

Gdyby Jezus ciągle żartował, jego uczniowie próbowaliby żartować razem z Nim. Gdyby chciał później nauczyć ich czegoś poważnego, od razu chcieliby się spierać i upieraliby się przy swoim zdaniu. Jednak nie mogli tego robić. Nawet ci, którzy przychodzili, aby się z Nim spierać, tak naprawdę nie potrafili tego robić, ponieważ biła od Niego prawdziwa godność. Słowa i czyny Jezusa zawsze miały znaczenie i wyrażały godność, więc ludzie nie mogli Go lekceważyć.

Oczywiście, czasami osoby wyżej postawione w hierarchii mogą opowiedzieć żart swoim podwładnym, aby ich rozweselić. Jednak jeśli podwładni nie umieją się zachować, oznacza to, że nie mają właściwego zrozumienia. Jeśli natomiast przywódcy są zbyt wyluzowani, nie będą cieszyć się zaufaniem swoich podwładnych. Szczególnie oficerowie lub kierownicy w firmie muszą być poukładani w zachowaniu, wyglądzie i mowie.

Przywódca powinien używać odpowiedniego języka i właściwe zachowywać się w obecności swoich podwładnych, jednak czasami, kiedy podwładny okazuje nadmierny szacunek, przywódca może mówić normalnym językiem bez górnolotnych zwrotów, aby uspokoić podwładnego. W takich sytuacjach może to pomóc podwładnemu szybciej się otworzyć. Jednak mimo, iż przywódca może normalnie zachowywać się w stosunku do swoich podwładnych, nie powinni oni lekceważyć go, spierać się z nim lub być nieposłuszni.

W Rzym. 15,2 czytamy: „Niech każdy z nas stara się o to, co dla bliźniego dogodne – dla jego dobra, dla zbudowania." Natomiast w Fil. 4,8 napisano: „W końcu, bracia, wszystko, co jest prawdziwe, co godne, co sprawiedliwe, co czyste, co miłe, co zasługuje na uznanie: jeśli jest jakąś cnotą i czynem chwalebnym – to miejcie na myśli!" Podobnie, ludzie, którzy są cnotliwi i szczodrzy będą postępować właściwie i będą chcieli, aby inni czuli się w ich towarzystwie dobrze.

Postępują miłosiernie i okazują współczucie.

Nie tylko pomagają ludziom, którzy mają kłopoty finansowe, ale również pomagają tym, którzy mają kłopoty duchowe, są słabi i potrzebują łaski. Jednak nawet jeśli mają w sobie łagodność, jeśli jest ona tylko w ich sercach, trudno jest zachowywać się tak jak Jezus.

Na przykład, przypuśćmy, że jest osoba wierząca, która cierpi z powodu prześladowań związanych z wiarą. Jeśli przywódcy kościoła dowiedzą się o tym, okażą współczucie i będą się za nić modlić. Są przywódcami, którzy mają współczucie w swoich sercach. Z drugiej strony, inni będą osobiście ją zachęcać i pocieszać, pomagając przejść przez zaistniałe trudności. Będą wzmacniać ją, by wytrwała w wierze.

Współczucie w sercu, które nie prowadzi do konkretnych czynów nie ma znaczenia, dla osoby, która cierpi. Jeśli łagodność manifestowana jest w czynach, przynosi łaskę i życie. Dlatego, kiedy Biblia mówi nam, że łagodni odziedziczą ziemię (Mat. 5,5), pokazuje nam silną relację miedzy wiernością a szczodrością. Odziedziczenie ziemi oznacza otrzymanie nagród w niebie. Zazwyczaj otrzymanie nagród w niebie ma związek z wiernością. Kiedy otrzymujemy uznanie, honory lub nagrodę od kościoła, zdecydowanie wynika to z naszej wierności.

Podobnie, łagodni ludzie otrzymają błogosławieństwa, jednak nie wynika to tylko z łagodności ich serca. Dopiero kiedy łagodność manifestowana jest w czynach, wydają owoc wierności, dzięki której otrzymają nagrody w niebie. Jeśli przyjmujemy i akceptujemy innych ludzi, pocieszamy ich i zachęcamy, dając im życie, odziedziczymy ziemię.

Wydawanie owocu łagodności

Jak możemy wydawać owoc łagodności? Ogólnie rzecz biorąc, musimy pielęgnować nasze serce tak, aby stało się dobrą glebą.

„I mówił im wiele w przypowieściach tymi słowami: Oto siewca wyszedł siać. A gdy siał niektóre [ziarna] padły na drogę, nadleciały ptaki i wydziobały je. Inne padły na miejsca skaliste, gdzie niewiele miały ziemi; i wnet powschodziły, bo gleba nie była głęboka. Lecz gdy słońce wzeszło, przypaliły się i uschły, bo nie miały korzenia. Inne znowu padły między ciernie, a ciernie wybujały i zagłuszyły je. Inne w końcu padły na ziemię żyzną i plon wydały, jedno stokrotny, drugie sześćdziesięciokrotny, a inne trzydziestokrotny" (Mat. 13,3-8).

W Ew. Mateusza 13 rozdziale czytamy, że nasze serce porównane jest do czterech różnych rodzajów gleby. Kategorie te obejmują: drogę, skaliste miejsca, ciernie i dobrą glebę.

Gleba naszego serca może być porównana do drogi

Droga jest ubita, ponieważ chodzą po niej ludzie, dlatego nie można wysiać tam ziarna. Ziarno nie może zapuścić korzeni, dlatego wydziobują je ptaki. Ludzie, którzy mają takie serce są uparci. Nie potrafią otworzyć serca naprawdę, więc nie chcą poznać Boga ani uwierzyć.

Ich wiedza i hierarchia wartości są tak ugruntowane, że nie potrafią przyjąć Słowa Bożego. Uważają, iż mają rację. Aby udało im się przełamać ich wierzenia, musieliby zniszczyć zło w swoim sercu. Trudno jest to uczynić, kiedy kieruje nami duma, arogancja, upór i fałsz. Taki typ zła sprawia, iż człowiek ma cielesne myśli, które uniemożliwiają mu wiarę w Boga.

Na przykład, ci, którzy mają fałsz w swoich umysłach, nie przestają wątpić w to, co mówią im inni ludzie. W Rzym. 8,7 czytamy: „A to dlatego, że dążność ciała wroga jest Bogu, nie podporządkowuje się bowiem Prawu Bożemu, ani nawet nie jest do tego zdolna." Jak napisano, nie potrafią powiedzieć „Amen", słuchając Słowa Bożego i nie są mu posłuszni.

Niektórzy ludzie są bardzo uparci, jednak kiedy doświadczają łaski, ich serca i umysły zmieniają się – zaczynają być gorliwi w wierze. Być może okazują zewnętrzną zatwardziałość, jednak ich serca są miękkie i łagodne. Jednak ludzie, których serce jest jak droga są inni. Ich serca są zatwardziałe. Można ich porównać do basenu zamarzniętego aż do dna.

Ponieważ ich serca są zatwardziałe w fałszu, a zło mieszka w nich już od dawna, niełatwo jest stopić taki lód w krótkim czasie. Trzeba oddziaływać na niego nieustannie i pielęgnować, aby Słowo Boże mogło się zakorzenić. Muszą zastanowić się, czy ich opinie są właściwe oraz wydawać owoce w postaci dobrych uczynków, ponieważ Bóg okazał im łaskę.

Czasami, niektórzy ludzie proszą mnie, abym modlił się za nimi, aby mieli wiarę. Oczywiście przykro mi, że nie mają wiary, widząc moc Boga i słuchając Jego słowa, jednak cieszę się, że się starają. W przypadku serca, które jest jak droga, członkowie rodziny i przywódcy kościoła muszą modlić się o danego człowieka i prowadzić go, jednak ważne jest, aby dana osoba poczyniła również swoje wysiłki. W pewnym momencie okaże się, że ziarno prawdy zaczęło kiełkować w ich sercu.

Serce porównane do skalistej ziemi musi odrzucić miłość do tego świata

Jeśli zasiejemy ziarno na skalistym gruncie, ziarno wykiełkuje, jednak nie będzie rosnąć wśród skał. Tak samo ludzie, których serce jest jak skalisty grunt szynko upadną, kiedy nadejdą próby, prześladowania i pokusy.

Kiedy otrzymują Bożą łaskę, czują się, jakby chcieli żyć zgodnie ze Słowem Bożym. Być może doświadczają też działania Ducha Świętego. Ziarno słowa zakiełkowało w ich sercach. Jednakże, nadchodzi moment, kiedy pojawiają się wątpliwości. Doświadczają Ducha Świętego, jednak kierują nimi chwilowe emocje i ekscytacja. Zastanawiają się nad rzeczami, które wywołują wątpliwości i ponownie zamykają drzwi swojego serca.

Inni mają z kolei trudności z rezygnacją ze swoich hobby lub innych rozrywek, które sprawiają im przyjemność, dlatego nie zachowują Dnia Pańskiego. Jeśli pojawią się prześladowania ze strony członków rodziny lub współpracowników, przestaną chodzić do kościoła. Otrzymali łaskę i wydaje się, iż przez jakiś czas prowadzą gorliwe życie, jednak kiedy pojawia się problem z innymi ludźmi z kościele, czują się obrażeni i opuszczają nabożeństwa.

Dlaczego ziarno nie może zapuścić korzenia? Ponieważ w sercu znajdują się skały. Serce, w którym znajdują się skały, reprezentuje fałsz, który uniemożliwia posłuszeństwo Słowu Bożemu. To właśnie uniemożliwia ziarnu wypuszczenie korzeni. Oznacza to, iż w sercu znajduje się miłość do tego świata.

Jeśli taka osoba lubi świeckie rozrywki, trudno jej zachowywać Dzień Święty. Osoby, które mają w sercu chciwość, nie przychodzą do kościoła, ponieważ nie chcą oddawać dziesięciny ani składać darów. Niektórzy ludzi mają w sercu nienawiść, więc miłość nie jest w stanie zapuścić korzeni.

Pośród ludzi, którzy chodzą do kościoła, są tacy, których serce jest skalistym gruntem. Na przykład, nawet jeśli urodzili się w rodzinie chrześcijańskiej i od dzieciństwa znają Słowo Boże, nie żyją zgodnie z nim. Doświadczają Ducha Świętego i otrzymują łaskę, jednak nie odrzucili miłości do tego świata. Słuchając Słowa, myślą o tym, iż nie powinni żyć tak, jak żyją, jednak kiedy wracają do domu, wszystko wraca do normy. Żyją tak, jakby jedną nogą byli po stronie Boga, a drugą po stronie świata. Ponieważ słuchają Słowa, nie chcą odejść od Boga, jednak nadal mają w sercu zbyt wiele kamieni, aby ziarno mogło zapuścić korzenie.

Czasami skalisty grunt jest tylko częściowo skalisty. Na przykład, niektórzy ludzie są wierni, jednak nie chcą zmienić swojego umysły. Wydają niektóre owoce, jednak mają w sercu nienawiść i wchodzą w konflikty z innymi. Osądzają i potępiają, zaburzając pokój. Z tego powodu, po wielu latach, nie wydają owoców miłości ani łagodności. Inni mają łagodność i dobroć w sercu. Są współczujący i okazują zrozumienie, jednak nie są wierni. Nie dotrzymują obietnic i są nieodpowiedzialni. Muszą naprawić swoje wady, aby ich serce stało się dobrym gruntem.

W jaki sposób możemy wyplewić skalisty grunt?

Po pierwsze, musimy gorliwie postępować zgodnie ze Słowem Bożym. Niektórzy wierzący starają się wypełniać swoje obowiązki w posłuszeństwie Słowu, jednak nie jest to tak proste, jak im się wydawało.

Kiedy byli nowonawróconymi członkami kościoła bez stanowiska i pozycji, inni członkowie służyli im. Jednak teraz to oni powinni służyć innym. Być może się starają, jednak nadal żywią negatywne uczucia w stosunku do ludzi, z którymi pracują, a którzy nie zgadzają się z nimi. Takie negatywne uczucia, jak nienawiść i porywczość wypływają z serca. Tracą pełnię Ducha i myślą o tym, by porzucić swoje obowiązki.

Takie negatywne uczucia są właśnie kamieniami, które należy odrzucić z gleby serca. Są one wynikiem nienawiści. Kiedy takie osoby próbują być posłuszne Słowu Bożemu, muszą stawić czoła nienawiści. Kiedy uświadomią to sobie, muszą pozbyć się tego „kamienia" i wyrzucić go. Tylko wtedy będą w stanie być posłuszni Słowu Bożemu, które mówi nam o miłości i pokoju. Ponadto, powinni jeszcze gorliwiej wypełniać swoje obowiązki i trwać w wierze, dzięki temu staną się pracownikami Boga, a w ich sercach będzie łagodność.

Po drugie, musimy modlić się gorliwie, wypełniając Słowo Boże. Kiedy na grunt pada deszcz, grunt staje się wilgotny i miękki. To dobry czas, by usunąć kamienie. Podobnie, kiedy się modlimy, będziemy wypełnieni Duchem Świętym, a nasze serca będą miękkie. Kiedy jesteśmy wypełnieni Duchem Świętym dzięki modlitwie, nie możemy przegapić okazji, by pozbyć się „kamieni" z naszego serca. Musimy stosować wiedzę w praktyce, pozbywać się kolejnych kamieni, aż uda nam się pozbyć nawet tych, które znajdują się głęboko w sercu. Kiedy otrzymujemy łaskę i siłę od Boga oraz przyjmujemy pełnię Ducha Świętego, wtedy możemy odrzucić grzech i zło, którego wcześnie nie udało nam się odrzucić dzięki naszej sile woli.

Ciernisty grunt nie wydaje owocu, ponieważ bardziej obchodzi go bogactwo tego świata

Jeśli siejemy ziarno tam, gdzie są ciernie, ziarno może

wykiełkować i rosnąć, jednak z powodu cierni nie wyda owocu. Podobnie ludzie, których serce jest niczym ciernisty grunt, wierzą i próbują wprowadzać swoją wiedzę w czyn, jednak nie udaje im się tego w pełni zrealizować, ponieważ obchodzi ich bogactwo tego świata, chciwość pieniędzy, sława i władza. Z tego powodu ciągle doświadczają trudności i cierpień.

Tacy ludzie ciągle martwią się o rzeczy materialne, jak dom, biznes czy praca, nawet kiedy przychodzą do kościoła. Podczas nabożeństwa powinni odpocząć i nabrać nowych sił, jednak ciągle ciążą na nich troski codziennego dnia. Mimo, iż spędzają niedziele w kościele, nie potrafią poczuć radości i pokoju wypływających z zachowywania Dnia Pańskiego. Jeśli prawdziwie zachowują Dzień Święty, ich dusza doświadczy duchowych błogosławieństw. Jednak nie będą w stanie ich przyjąć, dopóki nie usuną cierni ze swojego serca i nie zaczną stosować Słowa Bożego tak, by ich serce stało się odpowiednią glebą.

Jak można wyplewić ciernisty grunt?

Ciernie muszą zostać wyrwane z korzeniami. Ciernie symbolizują myśli cielesne. Ich korzenie symbolizują zło i cielesność ukryte w sercu. Zło i cielesność w sercu są źródłem cielesnych myśli. Jeśli tylko odetniemy gałęzi cierni, będą ponownie odrastać. Podobnie, nawet jeśli postanowimy wyrzucić cielesne myśli, nie będziemy w stanie ich powstrzymać, jeśli w naszym sercu będzie zło. Musimy usunąć cielesność z naszego serca wraz z korzeniami.

Jeśli uda nam się wyrzucić chciwość i arogancję, będziemy w stanie usunąć z naszego serca cielesność. Chętnie zajmujemy się tym, co światowe, ponieważ pragniemy tego, co światowe. Myślimy o tym, co przynosi nam korzyści, nawet jeśli żyjemy zgodnie ze Słowem Bożym. Jeśli mamy w sercu arogancje, nie potrafimy być w pełni posłuszni. Wykorzystujemy cielesną wiedzę, ponieważ uważamy, że potrafimy sami czegoś dokonać. Dlatego musimy najpierw usunąć arogancję i chciwość wraz z ich korzeniami z naszego serca.

Pielęgnowanie dobrej gleby

Kiedy ziarno zostaje wysiane na właściwej glebie, kiełkuje i rośnie, a następnie wydaje owoc trzydziesto-, sześćdziesięciu- lub stukrotny. Ludzie, którzy posiadają takie serca nie są podobni do ludzi, którzy mają serce niczym droga. Nie ma z nim cierpi ani kamieni, dlatego są posłuszni Słowu Bożemu, mówiąc „tak" i „Amen." Dlatego mogą wydawać owoce w obfitości.

Oczywiście trudno jest odróżnić, jaka jest gleba ludzkiego serca. Serce, które jest niczym droga, może zawierać kamienie. Nawet dobra gleba może zawierać fałsz w postaci kamieni, kiedy dopiero poddawana jest procesowi oczyszczenia. Jednak bez względu na to, jaka jest gleba naszego serca, możemy uczynić ją dobrą glebą, jeśli postanowimy ją wyplewić. Podobnie, ważne jest to, jak gorliwie plewimy glebę naszego serca bez względu na to, jaka jest.

Nawet bardzo wyjałowiona ziemia może być pielęgnowana i

stać się dobrą glebą, jeśli rolnik odpowiednio o nią zadba. Podobnie, serce człowieka może zmienić się dzięki mocy Bożej. Nawet najbardziej zatwardziałe serce może stać się miękkie dzięki pomocy Ducha Świętego.

Oczywiście, otrzymanie Ducha Świętego nie oznacza, że nasze serce od razu ulegnie zmianie. Musimy włożyć w to również własne wysiłki. Musimy gorliwie się modlić, myśleć o prawdzie i praktykować prawdę. Nie możemy się poddawać, lecz nie ustawać w staraniach.

Bóg patrzy na nasze wysiłki zanim okazuje nam łaskę i daje moc oraz pomoc Ducha Świętego. Jeśli pamiętamy o tym, co musimy zmienić i pragniemy zmienić nasz charakter dzięki łasce i mocy Bożej oraz pomocy Ducha Świętego, wtedy zauważymy różnicę. Będziemy wypowiadać słowa zgodne z prawdą, a nasze myśli wypełnią się dobrocią i prawdą.

W zależności od tego, jak oczyścimy nasze serca, będziemy wydawać owoce Ducha Świętego. Łagodność silnie wiąże się z tym, jak bardzo wypielęgnowana jest gleba naszego serca. Jeśli nie pozbędziemy się fałszu, porywczości, nienawiści, zazdrości, chciwości, kłótni, przechwalania i własnej sprawiedliwości, nie posiądziemy łagodności. Inne dusze nie znajdą w nas pokoju.

Z tego powodu łagodność jest bezpośrednio związana ze świętością – bardziej niż inne owoce Ducha Świętego. Możemy szybko otrzymywać to, o co prosimy w modlitwie, na przykład dobrą glebę, która wydaje owoce, jeśli pielęgnujemy w sobie łagodność. Będziemy w stanie słyszeć głos Ducha Świętego, który nas poprowadzi we wszystkim.

Błogosławieństwa łagodności

Niełatwo jest kierować firmą, w której zatrudnionych jest kilkaset ludzi. Nawet jeśli zostajesz wybrany na kierownika, niełatwo jest kierować całym zespołem. Umiejętność zjednoczenia tak wielu ludzi i kierowania nimi jest niezwykle rzadka. Lider musi być w stanie zjednać sobie serca ludzi poprzez duchową łagodność.

Oczywiście ludzi mogą podążać za tymi, którzy mają władzę lub tymi, którzy są bogaci i wydają się pomagać potrzebującym. Pewne koreańskie przysłowie mówi: „Kiedy umiera pies ministra, wielu jest żałobników, lecz kiedy umiera sam minister – nie ma nikogo." Tak jak widać w tym przysłowiu, możemy dowiedzieć się, czy dana osoba rzeczywiście miała w sobie szczodrość, kiedy traci moc i bogactwo. Kiedy człowiek jest bogaty i potężny, ludzie za nim podążają, jednak trudno jest znaleźć osoby, które zostają przy przywódcy aż do końca, nawet kiedy traci władzę i bogactwo.

Jednak człowiek, który jest cnotliwy i szczodry, ma wokół siebie ludzi nawet jeśli traci władzę i bogactwo. Nie są przy nim ze względu na korzyści finansowe, lecz ze względu na pokój, którego doświadczają w jego obecności.

Nawet w kościele niektórzy liderzy mówią, iż trudno jest akceptować ludzi w kościele. Jeśli pragną ożywienia, muszą najpierw wypracować łagodność w swoim sercu. Wtedy członkowie będą dobrze czuli się w ich obecności, radując się pokojem i szczęściem tak, że ożywienie przyjdzie automatycznie. Pastorzy i pracownicy kościoła muszą być łagodni, akceptując ludzi, którzy przychodzą do kościoła.

Ludzie łagodni otrzymują błogosławieństwa od Boga. W Mat. 5,5 czytamy: „Błogosławieni łagodni, albowiem oni na własność posiądą ziemię." Jak wspomnieliśmy wcześniej, odziedziczenie ziemi nie oznacza, że otrzymamy ziemię na tym świecie. Oznacza, iż otrzymamy ziemię w Niebie w zależności od tego, czy udało nam się wypracować łagodność w naszych sercach. W Niebie będziemy mieć domy, do których będziemy mogli zaprosić wszystkich, którzy czują się dobrze w naszym towarzystwie.

Takie mieszkanie w Niebie oznacza, że otrzymamy godne stanowiska. Nawet jeśli tutaj na ziemi mamy dużo ziemi, nie będziemy mogli zabrać jej ze sobą do Nieba. Jednak ziemia, jaką otrzymamy w Niebie dzięki wypracowaniu łagodności w sercu będzie naszym dziedzictwem na wieki. Będziemy radować się wiecznym szczęściem, mieszkając blisko Jezusa i ukochanych osób.

Dlatego mam nadzieję, że będziecie gorliwie plewić glebę swojego serca, aby wydawać owoc łagodności, by odziedziczyć ziemię jako dziedzictwo w Bożym Królestwie tak, jak Mojżesz.

1 Kor. 9,25

„*Każdy, który staje do zapasów, wszystkiego sobie odmawia; oni, aby zdobyć przemijającą nagrodę, my zaś nieprzemijającą.*"

Przeciwko takim rzeczom nie ma zakonu

Rozdział 10

Wstrzemięźliwość

Wstrzemięźliwość konieczna jest we wszystkich aspektach życia
Wstrzemięźliwość to podstawa dla dzieci Bożych
Wstrzemięźliwość doskonałym owocem Ducha Świętego
Dowody, iż owoc wstrzemięźliwości jest wydawany
Jeśli chcemy wydawać owoc wstrzemięźliwości

Wstrzemięźliwość

Maraton ma 42 km 195 m (26 mil 385 jardów). Biegacze muszą dobrze rozplanować swój bieg, aby dobiec do końca. Nie jest to krótki dystans, więc nie mogą biec pełną prędkością. Muszą utrzymywać równe tempo podczas całego biegu, a kiedy osiągną pewny etap, może okazać się, że muszą wydobyć z siebie resztki energii.

Taka sama zasada ma zastosowanie w naszym życiu. Musimy być stale wierni aż do końca w naszym biegu wiary i wygrać bitwę przeciwko samym sobą, aby osiągnąć zwycięstwo. Co więcej, ci, którzy pragną otrzymać koronę w Królestwie Niebieskim muszą być w stanie ćwiczyć swoją samokontrolę we wszystkim.

Wstrzemięźliwość konieczna jest we wszystkich aspektach życia

Na tym świecie możemy obserwować ludzi, którzy nie mają wstrzemięźliwości, przez co ich życie jest skomplikowane i doświadczają wielu trudności. Na przykład, jeśli rodzice za bardzo kochają swojego syna, ponieważ jest jedynakiem, bardzo prawdopodobne jest to, że dziecko będzie zepsute. Ponadto, mimo, że wiedzą, iż muszą troszczyć się o swoją rodzinę, ludzie, którzy są uzależnienie od hazardu lub innych rozrywek, rujnują swoje rodziny, ponieważ nie potrafią się kontrolować. Mówią: „To już ostatni raz. Nie będę tego robić nigdy więcej", jednak „ostatni raz" ciągle się powtarza.

W pewnej znanej chińskiej powieści pt. „Romans Trzech Królestw" czytamy o Zhangu Fei, który pełen jest poświęcenia i odwagi, a jednocześnie pożywności i agresji. Liu Bei oraz Guan Yu, którzy złożyli przysięgę braterstwa Zhangowi Fei, martwią się, że w każdej chwili może on popełnić jakiś błąd. Zhang Fei otrzymuje wiele rad, jednak nie potrafi zmienić swojego charakteru. W końcu z powodu swojej porywczości musi stawić czoła kłopotom. W gniewie pobił swojego podwładnego, któremu nie udało się spełnić jego oczekiwań i dwoje ludzi, którzy uważają, że zostali bezpodstawnie ukarani, chowa w stosunku do niego urazę. Napadają go, a następnie oddają się w niewolę wroga.

Podobnie, ludzie, którzy nie mają samokontroli, ranią uczucia innych ludzi – w domu i w pracy. Często są powodem wrogości, dlatego nie wiedzie im się zbyt dobrze. Jednak ci, którzy są mądrzy biorą winę na siebie i znoszą innych nawet w trudnych sytuacjach. Nawet jeśli inni popełniają błędy, potrafią się kontrolować i wypowiadać słowa pokrzepienia, które topią lód serca innych. Takie czyny są mądre i pomagają nam zyskać serca innych ludzi, sprawiając, że ich życie rozkwita.

Wstrzemięźliwość to podstawa dla dzieci Bożych

Jako dzieci Boże, potrzebujemy wstrzemięźliwości, by pozbyć się grzechu. Im mniej mamy wstrzemięźliwości, tym trudniej nam odrzucić grzech. Kiedy słuchamy Słowa Bożego i przyjmujemy Bożą łaskę, pragniemy się zmienić, jednak nadal dotykają nas pokusy tego świata.

Możemy to zaobserwować, zwracając uwagę na to, jakie słowa

wychodzą z naszych ust. Wielu ludzi modli się, aby wypowiadali słowa święte i doskonałe. Jednak w swoim życiu zapominają, o co się modlili i mówią to, co im przychodzi do głowy, postępując zgodnie ze swoimi dotychczasowymi nawykami. Kiedy widzą, że coś się dzieje, co trudno im znieść, ponieważ nie jest to zgodne z ich sposobem myślenia lub wiarą, narzekają i denerwują się.

Być może później tego żałują, jednak nie mogą się powstrzymać, kiedy pojawiają się emocje. Ponadto, niektórzy ludzie mówią tak dużo, że nie potrafią przestać, jak już zaczną. Nie potrafią rozróżnić słów fałszu i prawdy, tego, co powinni mówić, a czego nie powinni, więc popełniają błędy.

Widzimy tutaj, jak ważna jest wstrzemięźliwość choćby na przykładzie wypowiadanych słów.

Wstrzemięźliwość doskonałym owocem Ducha Świętego

Owoc wstrzemięźliwości jest jednym z owoców Ducha Świętego. Nie odnosi się tylko do samokontroli przed popełnianiem grzechów. Wstrzemięźliwość to owoc Ducha Świętego, dzięki któremu jesteśmy w stanie kontrolować również pozostałe owoce Ducha Świętego tak, by były doskonałe. Z tego powodu, pierwszym owocem Ducha jest miłość, a ostatnim wstrzemięźliwość. Wstrzemięźliwość jest mniej zauważalna niż pozostałe owoce, jednak nadal jest bardzo ważna. Trzyma pieczę nad wszystkim tak, by stabilność, organizacja i poprawność mogły zostać zachowane. Wspomniana jest jako ostatnia z owoców

Ducha, ponieważ inne owoce mogą być doskonalsze, jeśli potrafimy zachować wstrzemięźliwość.

Na przykład, nawet jeśli wydajemy owoc radości, nie możemy wyrażać jej zawsze i wszędzie. Kiedy ktoś jest w żałobie, a my zaczniemy się uśmiechać, co sobie o nas pomyśli? Nie stwierdzi, że jesteś zadowolony, wydając owoc radości. Nawet jeśli nasza radość ze zbawienia jest wielka, musimy kontrolować samych siebie w zależności od sytuacji. W ten sposób naprawdę wydajemy owoc Ducha Świętego.

Ważne jest, by zachować wstrzemięźliwość, kiedy okazujemy wierność Bogu. W szczególności, jeśli mamy obowiązki do wypełniania, powinniśmy odpowiednio gospodarować swoim czasem, by znajdować się tam, gdzie jesteśmy potrzebni. Nawet jeśli spotkanie, w którym uczestniczymy, jest nudne, powinniśmy być na nim aż do końca. Aby być w pełni wiernym domowi Bożemu, musimy wydawać owoc wstrzemięźliwości.

Tak samo jest z wszystkim innymi owocami Ducha Świętego: miłością, miłosierdziem, czy dobrocią. Kiedy wydajemy owoce w postaci czynów, musimy postępować zgodnie ze wskazówkami Ducha Świętego. Powinniśmy odpowiednio organizować naszą pracę w zależności od tego, co powinno zostać wykonane jako pierwsze, a co jako ostatnie. Powinniśmy ocenić, kiedy iść do przodu, a kiedy się wycofać. Dzięki wstrzemięźliwości, będziemy w stanie podejmować takie decyzje.

Jeśli ktoś wydaje wszystkie owoce Ducha Świętego w pełni, oznacza to, że wypełnia wolę Ducha Świętego w swoim życiu. Aby wypełniać wolę Ducha Świętego i postępować doskonale, musimy wydawać owoc wstrzemięźliwości. Dlatego właśnie mówimy, że wszystkie owoce Ducha wypełniają się poprzez wstrzemięźliwość – ostatni owoc.

Dowody, iż owoc wstrzemięźliwości jest wydawany

Kiedy inne owoce Ducha są wydawane i widoczne w czynach, owoc wstrzemięźliwości jest niczym organ arbitrażowy, który daje harmonię i porządek. Nawet jeśli dostajemy od Boga coś dobrego, zabranie wszystkiego może nie zawsze być najlepszym rozwiązaniem. Nadmiar jest gorszy niż niedostatek. Powinniśmy zawsze zachowywać umiar, postępując zgodnie z wolą Ducha Świętego.

Pozwólcie, że wyjaśnię, w jaki sposób wyraża się owoc wstrzemięźliwości.

Po pierwsze, będziemy postępować zgodnie z porządkiem hierarchii we wszystkim.

Rozumiejąc naszą pozycję w hicrarchii, będziemy wiedzieć, co możemy robić, a co nie, jakie słowa wypowiadać, a jakie nie. Dzięki temu unikniemy konfliktów, kłótni i nieporozumień. Ponadto, nie zrobimy niczego niewłaściwego – czegoś, czego nie powinniśmy robić, zajmując daną pozycję. Na przykład, przypuśćmy, że kierownik grupy misyjnej poprosi administratora o wykonanie jakiegoś zadania. Administrator jest podekscytowany i stwierdzi, że ma lepszy pomysł, więc według własnej woli zmieni pewne rzeczy i zgodnie z tym wykona zadanie. Nawet jeśli pracował z pasją, nie postępował zgodnie z ustalonym porządkiem i dokonał zmian z powodu swojego braku wstrzemięźliwości.

Zdobędziemy uznanie w oczach Boga, jeśli będziemy postępowali zgodnie z ustalonym porządkiem w grupach misyjnych w kościele czy jako prezydent, wice prezydent, administrator, sekretarka czy skarbnik. Nasi liderzy mogą mieć inne sposoby realizacji zadań niż my. Nawet jeśli nasze sposoby wydają nam się lepsze i być może przyniosą lepsze rezultaty, nie będziemy wydawać dobrych owoców, jeśli porządek i spokój zostaną zaburzone. Szatan stara się zaburzyć pokój tak, by przeszkodzić w wykonywaniu dzieł Bożych. Jeśli coś nie jest w pełni fałszem, powinniśmy myśleć o całej grupie, być posłuszni i dążyć do pokoju, aby wszystko zostało wykonane w odpowiedni sposób.

Po drugie, będziemy zwracać uwagę na treść, czas i miejsce nawet robić coś dobrego.

Na przykład, wołanie do Boga w modlitwie jest czymś bardzo dobrym, jednak jeśli będziemy wołać i krzyczeć w jakimś przypadkowym miejscu, Bóg nie będzie czuł się uwielbiony.

Ponadto, kiedy głosimy ewangelię lub odwiedzamy członków kościoła, aby wesprzeć ich duchowo, powinniśmy uważać na słowa, jakie wypowiadamy. Mimo, iż mamy zrozumienie niektórych kwestii duchowych, nie możemy przekazywać ich każdemu. Jeśli powiemy komuś o czymś, co nie jest spójne z miarą wiary słuchacza, możemy doprowadzić do upadku, poczucia osądu lub potępienie.

W niektórych przypadkach ludzie składają świadectwo lub opowiadają o swoim zrozumieniu duchowym osobom, które zajęte są swoją pracą. Nawet jeśli treść jest bardzo dobra, nie ma wpływu na innych ludzi, jeśli nie jest dostarczona w odpowiedniej sytuacji. Nawet jeśli ludzie będą słuchać, nie będą zwracać uwagi na świadectwo, ponieważ są zajęci i podenerwowani. Podam wam pewien przykład. Kiedy odbywa się spotkanie całej parafii lub grupy ludzi, którzy poszukują mojej rady, a jednak osoba ciągle składa swoje świadectwo, jak potoczy się spotkanie? Oczywiście, taki człowiek uwielbia Boga, ponieważ czuje się pełny łaski i Ducha Świętego. Jednak w konsekwencji, wykorzystuje on cały czas, który był przeznaczony dla całej grupy. Jest to brak samokontroli. Nawet jeśli robimy coś dobrego, musimy brać pod uwagę to, w jakiej sytuacji to robimy i czy mamy wstrzemięźliwość.

Po trzecie, nie możemy okazywać niecierpliwości lub pośpiechu, aby być w stanie zareagować odpowiednio do danej sytuacji.

Ludzie, którzy nie mają wstrzemięźliwości, są niecierpliwi i brakuje im szacunku dla innych. Kiedy są w pośpiechu, nie mają rozeznania i mogą przeoczyć coś ważnego. Wypowiadają słowa osądu i potępienie, które wywołują dyskomfort innych ludzi. Ludzie niecierpliwi popełniają wiele błędów. Nie możemy przerywać komuś, kto wypowiada się tylko dlatego, że jesteśmy niecierpliwi. Powinniśmy słuchać uważnie i unikać pochopnych wniosków. Co więcej, w ten sposób będziemy w stanie zrozumieć intencję osoby mówiącej i odpowiednio się zachować.

Przed wylaniem Ducha Świętego Piotr był niecierpliwy i porywczy. Próbować kontrolować samego siebie w obecności Jezusa, jednak czasami jego prawdziwy charakter wychodził na jaw. Kiedy Jezus powiedział Piotrowi, że Piotr zaprze się Go przed ukrzyżowaniem, Piotr natychmiast zaprzeczył, mówiąc, że nigdy by tego nie uczynił.

Gdyby Piotr posiadał w sobie wstrzemięźliwość, nie zaprzeczyłby słowom Jezusa, lecz zastanowiłby się nad właściwą odpowiedzią. Gdyby wiedział, iż Jezus jest Synem Boga i nigdy nie wypowiadał słów bez znaczenie, zachowałby słowa Jezusa w sercu. Być może byłby wtedy bardziej uważny i nie zrobił tego, co zrobił. Odpowiednie rozeznanie daje nam możliwość odpowiedniej reakcji, która wynika właśnie z wstrzemięźliwości.

Żydzi byli z siebie bardzo dumni. Byli dumni, iż zachowywali Prawi Boże, a ponieważ Jezus napominał faryzeuszy i uczonych w Piśmie, którzy byli politycznymi i religijnymi przywódcami, nie żywili w stosunku do Niego pozytywnych uczuć. Kiedy Jezus powiedział, iż jest Synem Bożym uznali to za bluźnierstwo. Zbliżało się Święto Namiotów. W czasie żniw Żydzi rozstawiali namioty, aby przypomnieć sobie o wyjściu z Egiptu i okazać wdzięczność Bogu. Wielu ludzi wybierało się w podróż do Jerozolimy, by tam uczcić święta.

Jednak Jezus nie zamierzał udać się do Jerozolimy, mimo iż zbliżały się święta. Jego bracia zachęcali Go, by tam poszedł i uczynił cuda, ujawniając swoją osobowość, by zyskać uznanie ludzi (Jan 7,3-5). Mówili: „Nikt bowiem nie dokonuje niczego w ukryciu, jeżeli chce się publicznie ujawnić. Skoro takich rzeczy dokonujesz, to okaż się światu!" (w. 4) Nawet jeśli coś wydaje się rozsądne, nie ma nic wspólnego z Bogiem, jeśli nie jest zgodne z Jego wolą. Ponieważ postępowali zgodnie ze swoim sposobem myślenia, nawet bracia Jezusa uważali, że Jezus nie powinien czekać na odpowiedni moment.

Gdyby Jezus nie miał wstrzemięźliwości, udałby się do Jerozolimy, aby objawić, kim jest. Jednak Jezus nie dał się zwieść słowom swoich braci. Czekał na odpowiedni moment i prowadzenie Boże. Wtedy udał się do Jerozolimy niezauważony. Postępował zgodnie z wolą Bożą, wiedząc dokładnie, gdzie się udać.

Jeśli chcemy wydawać owoc wstrzemięźliwości

Kiedy rozmawiamy z innymi ludźmi, wielokrotnie ich słowa i motywacje są różne od naszych. Niektórzy próbują wyjawić wady innych, aby przykryć własne. Może proszą o coś, dzięki czemu mogliby osiągnąć własne cele, choć proszę w imieniu kogoś innego. Zadają pytanie, jakby chcieli rozumieć wolę Bożą, jednak samodzielnie próbują uzyskać odpowiedź, jakiej oczekują. Jednak jeśli będziemy spokojnie z nimi rozmawiać, zobaczymy, co jest w ich sercach.

Ludzie, którzy mają wstrzemięźliwość, nie uginają się pod naciskiem innych. Słuchają ludzi, lecz postępują zgodnie z prawdą objawioną przez Ducha Świętego. Jeśli okazują rozeznanie i wstrzemięźliwość, nie popełniają błędów związanych z podjęciem niewłaściwej decyzji. Dzięki temu mają władzę nad własnymi słowami, a ich słowa mają większy wpływ na innych ludzi. Jak możemy w takim razie wydawać owoc wstrzemięźliwości?

Po pierwsze, nasze serce musi być niezmienne.

Musimy pielęgnować serce, w którym nie ma fałszu ani krętactwa. Wtedy będziemy mieć moc, by postępować według naszych decyzji. Oczywiście, nie uda nam się wypielęgnować takiego serca w ciągu jednego dnia. Musimy usilnie się starać i wytrwać w drobnych rzeczach.

Był sobie pewien mistrz i jego uczniowie. Pewnego dnia przechodzili przez targowisko. Niektórzy sprzedawcy mieli do nich zastrzeżenie i zaczęli się wykłócać. Uczniowie byli rozgniewani i odpowiedzieli na kłótnie, jednak ich mistrz pozostawał spokojny. Kiedy wrócili z targowiska, mistrz wyjął z szafy plik listów. W listach znajdowało się wiele słów krytyki dotyczących mistrza. Mistrz pokazał je swoim uczniom i powiedział: „Zawsze znajdzie się ktoś, kto was nie rozumie. Nie troszczę się o to, że niektórzy mnie nie rozumieją. Nie mogę uniknąć tego, że wypowiadają w stosunku do mnie negatywne słowa, jednak mogę unikać głupoty i nie podejmować sporów."

Po pierwsze chodzi o to, że nie jesteśmy w stanie uniknąć tego, że ktoś plotkuje na nasz temat. Mimo to powinniśmy unikać negatywnych uczuć i kłótni, które wnikają z takich plotek.

Jeśli nasze serce podobne jest do serca mistrza, nie damy się wytrącić z równowagi. Będziemy w stanie zachować pokój. Ci, którzy są w stanie zachować pokój, potrafią kontrolować samych siebie. Jeśli odrzucimy zło, nienawiść, zazdrość, zyskamy zaufanie i miłość Bożą.

To, czego moi rodzice nauczyli mnie w dzieciństwie, pomogło mi w mojej służbie pastorskiej. Nauczyli mnie jak odpowiednio się wyrażać, poruszać i zachowywać, dzięki czemu mogłem nabyć umiejętności samokontroli. Jeśli podejmujemy decyzję, powinniśmy wytrwać w niej bez względu na okoliczności. Kiedy włożymy wysiłek w pielęgnowanie takich zachowań, w końcu nasze serce będzie niezmienne i zyskamy moc wstrzemięźliwości.

Po drugie, musimy starać się wsłuchać w wolę Ducha Świętego.

W zależności od tego, na ile poznaliśmy Słowo Boże, Duch Święty pomaga nam słyszeć swój głos poprzez słowo, którego się nauczyliśmy. Nawet jeśli jesteśmy bezpodstawnie o coś oskarżani, Duch Święty mówi nam, byśmy przebaczyli i okazali miłość, ponieważ dana osoba może mieć powód swojego zachowania. Decydujemy się nie reagować negatywnie, a zamiast tego okazujemy przyjaźń. Jednak jeśli w naszym sercu znajduje się fałsz, usłyszymy najpierw głos szatana, który mówi: „Jeśli zostawisz go w spokoju, nadal będzie źle cię traktować. Musisz dać mu nauczkę." Nawet jeśli Duch Święty będzie do nas przemawiał, możemy go nie usłyszeć, ponieważ jego głos jest delikatny, a złe myśli będą zbyt przytłaczające.

Dlatego, aby słyszeć głos Ducha Świętego, musimy odrzucić fałsz z naszego serca i wypełnić je Słowem Bożym. Będziemy w stanie słyszeć głos Ducha Świętego, okazując posłuszeństwo Jego woli. Musimy starać się usłyszeć ten głos, a nie skupiać się na tym, co sami uważamy za istotne czy dobre. Kiedy usłyszymy Jego głos, będziemy Mu posłuszni i będziemy stosować w praktyce Słowo Boże. Wkładając wysiłek, by zwracać uwagę na głos Ducha Świętego i bycie Mu posłusznym, będziemy umieli Go usłyszeć, nawet gdy będzie mówić do nas szeptem. Wtedy nasze życie będzie pełne harmonii.

Może się wydawać, że wstrzemięźliwość jest najmniej istotną cechą ze wszystkich owoców Ducha Świętego. Jednakże, jest konieczna, by mogły być one wydawane. Wstrzemięźliwość kontroluje pozostałe owoce Ducha: miłość, radość, pokój, cierpliwość, uprzejmość, dobroć, wierność i łagodność. Co więcej, wszystkie osiem owoców Ducha nie dawałoby pełni bez owocu wstrzemięźliwości, dlatego wstrzemięźliwość jest tak ważna.

    Każdy z owoców Ducha jest cenny i piękniejszy niż wszystkie drogocenne kamienie tego świata. Możemy otrzymać wszystko o co prosimy w modlitwach i będziemy żyć w obfitości, jeśli będziemy wydawać owoce Ducha Świętego. Będziemy oddawać Bogu chwałę naszym życiem, okazując moc Światłości tego świata. Mam nadzieję, że tęsknicie za tym, by wydawać owoce Ducha Świętego bardziej niż za wszelkimi skarbami tego świata.

Gal. 5,22-23

„Owocem zaś ducha jest:

miłość, radość, pokój, cierpliwość,

uprzejmość, dobroć, wierność, łagodność, opanowanie.

Przeciw takim /cnotom/ nie ma Prawa."

Przeciwko takim rzeczom nie ma zakonu

Rozdział 11

Przeciwko takim rzeczom nie ma zakonu

Ponieważ zostaliście powołani do wolności
Chodzenie w Duchu Świętym
Pierwszym owocem jest miłość
Przeciwko takim rzeczom nie ma zakonu

Przeciwko takim rzeczom nie ma zakonu

Apostoł Paweł był Żydem i ruszył w podróż do Damaszku, aby aresztować chrześcijan. Jednak w drodze spotkał Jezusa i skruszył się. Nie był świadomy prawdy ewangelii, która dawała zbawienie dzięki wierze w Jezusa, jednak kiedy otrzymał dar Ducha Świętego, zdecydował się prowadzić misję, by nawrócić pogan i był prowadzony przez Ducha Świętego.

Dziewięć owoców Ducha Świętego opisanych jest w piątym rozdziale Listu do Galacjan. Gdybyśmy wiedzieli więcej na temat tamtych czasów, zrozumielibyśmy dlaczego Paweł napisał list do Galacjan oraz to, jak istotne jest wydawanie owoców Ducha Świętego przez chrześcijan.

Ponieważ zostaliście powołani do wolności

Podczas swojej pierwszej podróży misyjnej Paweł udał się do Galacji. W synagodze nie mówił o Prawie Mojżeszowym ani o obrzezaniu, lecz głosił ewangelię Jezusa Chrystusa. Jego słowa potwierdzały znaki i wielu ludzi przyjęło zbawienie. Wierzący z kościoła w Galacji kochali go tam bardzo, że chętnie poświęciliby dla niego swoje własne życie.

Kiedy Paweł zakończył swoją pierwsza podróż misyjną, wrócił do Antiochii, gdzie w kościele zaistniał pewien problem. Niektórzy ludzie z Judei uważali, że poganie powinni zostać obrzezani, aby otrzymać zbawienie. Paweł i Barnaba musieli z nimi rozmawiać, by rozwiązać konflikt.

Starszyzna ustaliła, iż Paweł i Barnaba wraz z innymi członkami kościoła powinni uda się do Jerozolimy, by porozmawiać z apostołami i starszymi tamtejszego kościoła w tej sprawie. Wiedzieli, iż muszą dojść do porozumienia odnośnie Prawa Mojżeszowego, by dalej głosić ewangelię poganom w kościele w Antiochii i Galacji.

Piętnasty rozdział Dziejów Apostolskich opisuje sytuację przed i po odbytej Radzie w Jerozolimie. Widzimy, jak poważna była to sytuacja. Apostołowie, którzy byli uczniami Jezusa oraz starsi i przedstawiciele kościoła zgromadzili się, by porozmawiać. Doszli do wniosku, że poganie muszą powstrzymywać się od tego, co zanieczyszczone jest przez bożki, od nierządu, od spożywania tego, co zostało uduszone oraz od krwi.

Wysłali do Antiochii mężczyzn, aby dostarczyli tamtejszemu kościołowi oficjalny list, który zawierał wnioski Rady. Postanowili pozostawić poganom odrobinę wolności, ponieważ trudno byłoby im zachowywać Prawo Mojżeszowe w ten sam sposób, jak czynili to Żydzi. W ten sposób poganie mogli otrzymać zbawienie dzięki wierze w Chrystusa.

W Dz. Ap. 15,28-29 czytamy: „Postanowiliśmy bowiem, Duch Święty i my, nie nakładać na was żadnego ciężaru oprócz tego, co konieczne. Powstrzymajcie się od ofiar składanych bożkom, od krwi, od tego, co uduszone, i od nierządu. Dobrze uczynicie, jeżeli powstrzymacie się od tego. Bywajcie zdrowi!"

Wnioski Rady w Jerozolimie zostały dostarczone do kościołów, jednak ludzie, którzy nie rozumieli prawdy ewangelii nadal nauczali, iż wszyscy wierzący muszą zachowywać Prawo Mojżeszowe. Do kościoła dostali się fałszywi prorocy i podburzali wierzących, krytykując Pawła, który nie nauczał Prawa Mojżeszowego.

Taka sytuacja miała miejsce w kościele w Galacji, dlatego Paweł postanowił napisać do nich list i wyjaśnić, czym jest wolność w Chrystusie. Napisał, iż zachowywał Prawo Mojżeszowe bardzo dokładnie, jednak został apostołem pogan dopiero kiedy spotkał

Jezusa i poznał prawdę ewangelii: „Tego jednego chciałbym się od was dowiedzieć, czy Ducha otrzymaliście na skutek wypełnienia Prawa za pomocą uczynków, czy też stąd, że daliście posłuch wierze? Czyż jesteście aż tak nierozumni, że zacząwszy duchem, chcecie teraz kończyć ciałem? Czyż tak wielkich rzeczy doznaliście na próżno? A byłoby to rzeczywiście na próżno. Czy Ten, który udziela wam Ducha i działa cuda wśród was, /czyni to/ dlatego, że wypełniacie Prawo za pomocą uczynków, czy też dlatego, że dajecie posłuch wierze?" (Gal. 3,2-5)

Paweł wiedział, że ewangelia Jezusa Chrystusa, której nauczał, była prawdziwa, ponieważ otrzymał objawienie od Boga. Poganie nie musieli poddać się obrzezaniu ciała, ponieważ najważniejsze było to, by obrzezali swoje serca. Paweł nauczał o pragnieniach ciała i Ducha oraz o czynach ciała i o owocach Ducha Świętego. Pragnął, aby zrozumieli, jak powinni wykorzystać swoją wolność, by zyskać prawdę ewangelii.

Chodzenie w Duchu Świętym

Dlaczego więc Bóg dał Prawo Mojżeszowe? Ponieważ ludzi byli źli i nie wiedzieli, czym jest grzech. Bóg pozwolił im zrozumieć, czym jest grzech oraz rozwiązał problem grzechu poprzez krew swojego Syna. Problem grzechu nie mógł być rozwiązany poprzez uczynki zakonu, dlatego Bóg w swojej sprawiedliwości pozwolił, by Jezus umarł na krzyżu. W Gal. 3,13-14 czytamy: „Z tego przekleństwa Prawa Chrystus nas wykupił – stawszy się za nas przekleństwem, bo napisane jest: Przeklęty każdy, którego powieszono na drzewie – aby błogosławieństwo Abrahama stało się w Chrystusie Jezusie udziałem pogan i abyśmy przez wiarę otrzymali obiecanego Ducha."

Nie oznacza to jednak, iż prawo zostało zniesione. Jezus powiedział w Ew. Mat. 5,17: „Nie sądźcie, że przyszedłem znieść Prawo albo Proroków. Nie przyszedłem znieść, ale wypełnić", a następnie dodał w wersecie 20: „Bo powiadam wam: Jeśli wasza sprawiedliwość nie będzie większa niż uczonych w Piśmie i faryzeuszów, nie wejdziecie do królestwa niebieskiego."

Apostoł Paweł powiedział wierzącym w kościele w Galacji: „Dzieci moje, oto ponownie w bólach was rodzę, aż Chrystus w was się ukształtuje" (Gal. 4,19), a później dodał: „Wy zatem, bracia, powołani zostaliście do wolności. Tylko nie bierzcie tej wolności jako zachęty do hołdowania ciału, wręcz przeciwnie, miłością ożywieni służcie sobie wzajemnie! Bo całe Prawo wypełnia się w tym jednym nakazie: Będziesz miłował bliźniego swego jak siebie samego. A jeśli u was jeden drugiego kąsa i pożera, baczcie, byście się wzajemnie nie zjedli" (Gal. 5,13-15).

Jako dzieci Boże otrzymaliśmy dar Ducha Świętego. Co możemy zrobić, by służyć innym dzięki miłości Jezusa Chrystusa? Musimy chodzić w mocy Ducha Świętego, abyśmy wyzbyli się pragnień cielesnych. Powinniśmy kochać naszych bliźnich i upodabniać się do Chrystusa, jeśli pragniemy wydawać dziewięć owoców Ducha Świętego dzięki Jego prowadzeniu.

Jezus Chrystus przyjął na siebie przekleństwo Prawa i umarł na krzyżu mimo, iż był niewinni. Dzięki Niemu możemy otrzymać wolność. Abyśmy ponownie nie zostali więźniami grzechu, musimy wydawać owoce Ducha Świętego.

Jeśli otrzymawszy wolność, nadal popełniamy grzechy, ponownie krzyżujemy Chrystusa i nie możemy otrzymać dziedzictwa w postaci Królestwa Bożego. Natomiast, jeśli wydajemy owoce Ducha Świętego, chodząc w Jego mocy, Bóg chroni nas przed szatanem. Ponadto, otrzymamy wszystko, o co prosimy w modlitwach.

„Umiłowani, jeśli serce nas nie oskarża, mamy ufność wobec Boga, i o co prosić będziemy, otrzymamy od Niego, ponieważ zachowujemy Jego przykazania i czynimy to, co się Jemu podoba. Przykazanie zaś Jego jest takie, abyśmy wierzyli w imię Jego Syna, Jezusa Chrystusa, i miłowali się wzajemnie tak, jak nam nakazał" (1 Jan 3,21-23).

„Wiemy, że każdy, kto się narodził z Boga, nie grzeszy, lecz Narodzony z Boga strzeże go, a Zły go nie dotyka" (1 Jan 5,18).

Możemy wydawać owoce Ducha Świętego i radować się wolnością jako chrześcijanie, jeśli mamy wiarę i chodzimy w mocy Ducha Świętego, objawiając tę wiarę w miłości.

Pierwszym owocem jest miłość

Pierwszym z dziewięciu owoców Ducha Świętego jest miłość. Miłość opisana w 1 Liście do Koryntian 13 rozdziale jest miłością, dzięki której możemy pielęgnować miłość duchową, natomiast miłość jako jeden z owoców Ducha Świętego to miłość na o wiele wyższym poziomie – jest to miłość nieograniczona, która nigdy się nie kończy – miłość, która stanowi wypełnienie prawa. To miłość Boża i Jezusa Chrystusa. Jeśli posiądziemy taką miłość, będziemy w stanie poświęcić się całkowicie dzięki pomocy Ducha Świętego.

Możemy wydawać owoc radości, jeśli wypielęgnujemy taką miłość tak, że będziemy mogli radować się okazywać wdzięczność bez względu na okoliczności. W ten sposób, nie będziemy mieć problemu z innymi ludźmi, wydając owoc pokoju.

Jeśli zachowujemy pokój z Bogiem, z samymi sobą i z innymi ludźmi, będziemy wydawać owoc cierpliwości. Bóg pragnie cierpliwości, która nie jest tak naprawdę konieczna, ponieważ Jego dzieci w pełni wydają owoc dobroci i prawdy. Jeśli mamy prawdziwą miłość, rozumiemy i akceptujemy innych ludzi, nie okazując im negatywnych uczuć. W ten sposób tak naprawdę nie musimy przebaczać, ponieważ nie chowamy urazy w stosunku do nikogo.

Kiedy jesteśmy cierpliwi i okazujemy dobroć, wydajemy owoc uprzejmości. Jeśli dzięki dobroci okazujemy cierpliwość nawet w stosunku do osób, których tak naprawdę nie rozumiemy, okazujemy również uprzejmość. Nawet jeśli tacy ludzie zachowują się nieodpowiednio, będziemy okazywać im zrozumienie i akceptować ich.

Ci, którzy wydają owoc uprzejmości mają w sobie dobroć. Uważają innych za lepszych od siebie i troszczą się o ludzi wokół jak o siebie samych. Nie kłócą się i nie podnoszą głosu. Ich charakter jest podobny do charakteru Chrystusa, który nie łamie trzciny ani nie gasi tlącego się knota. Jeśli wydajemy owoc dobroci, nie upieramy się przy własnych opiniach. Zawsze będziemy wierni Domowi Bożemu oraz łagodni.

Ludzie łagodni nie stanowią dla nikogo przeszkody i mają pokój z innymi. Mają szczodrość w sercu, nie potępiają ani nie osądzają innych, lecz okazują zrozumienie i akceptację.

Aby wydawać owoce miłości, radości, pokoju, cierpliwości, uprzejmości, dobroci, wierności i łagodności, musimy posiadać wstrzemięźliwość. Obfitość w Bogu jest bardzo dobra, jednak

Boże dzieła muszą być wykonywane w harmonii i porządku. Potrzebujemy wstrzemięźliwości, aby nie przesadzić z niczym, nawet jeśli jest to coś dobrego. Jeśli postępujemy zgodnie z wolą Ducha Świętego, Bóg sprawi, iż Jego praca zostanie wykonana w odpowiedni sposób.

Przeciwko takim rzeczom nie ma zakonu

Nasz Pomocnik, Duch Święty, prowadzi dzieci Boże ku prawdzie, aby mogli radować się prawdziwą wolnością i szczęściem. Prawdziwa wolność to zbawienie z grzechu i mocy szatana, który stara się powstrzymać nas przed służeniem Bogu oraz odebrać możliwość szczęśliwego życia. Szczęście natomiast to coś, co zyskujemy dzięki pielęgnowaniu relacji z Bogiem.

Jak napisano w Rzym. 8,2: „Albowiem prawo Ducha, który daje życie w Chrystusie Jezusie, wyzwoliło cię spod prawa grzechu i śmierci" – taką wolność możemy zdobyć tylko, jeśli wierzymy w Chrystusa z całego serca i chodzimy w Światłości. Takiej wolności nie można osiągnąć dzięki ludzkim wysiłkom. Nie można jest zyskać bez Bożej łaski, która jest błogosławieństwem, którym możemy cieszyć się na wieki dzięki wierze w Syna Bożego.

W Ew. Jana 8,32 Jezus powiedział: „...i poznacie prawdę, a prawda was wyzwoli." Wolność jest prawdą, która na wieki pozostaje niezmienna. Staje się dla nas życiem i prowadzi nas do wieczności. Na tym znikomym świecie nie ma prawdy. Prawda znajduje się tylko w Słowie Bożym, które jest niezmienne. Poznanie prawdy wiąże się z poznaniem Słowa Bożego, zachowywaniem go w umyśle i praktykowaniem w codziennym życiu.

Jednakże praktykowanie prawdy nie zawsze jest łatwe. Ludzie

mają w sobie fałsz, którego nauczyli się zanim przyszli do Boga. Fałsz ukryty w ich sercach utrudnia praktykowanie prawdy. Nasza cielesność sprawia, iż chcemy postępować zgodnie z własną wolą, natomiast prawo Ducha sprawia, iż pragniemy postępować zgodnie z prawdą. Są one sobie przeciwstawne (Gal. 5,17). Jest to wojna, dzięki której możemy zyskać wolność w prawdzie. Taka wojna będzie toczyć się dopóki nasza wiara nie ugruntuje się i dopóki nie będziemy stać na skale wiary, która nigdy się nie chwieje.

Kiedy stoimy na skale wiary, o wiele łatwiej jest toczyć dobrą walkę. Jeśli odrzucimy zło i stajemy się uświęceni, w końcu będziemy mogli radować się wolnością w prawdzie. Nie będziemy musieli więcej walczyć, ponieważ w naszym sercu zagości prawda. Jeśli wydajemy owoce Ducha Świętego dzięki Jego prowadzeniu, nikt nie zabierze nam wolności prawdy.

Dlatego właśnie w Gal. 5,18 napisano: „Jeśli jednak pozwolicie się prowadzić duchowi, nie znajdziecie się w niewoli Prawa", natomiast w wersetach 22-23 czytamy: „Owocem zaś ducha jest: miłość, radość, pokój, cierpliwość, uprzejmość, dobroć, wierność, łagodność, opanowanie. Przeciw takim /cnotom/ nie ma Prawa."

Przesłanie dotyczące dziewięciu owoców Ducha Świętego jest niczym klucz, który otwiera bramę błogosławieństw. Jednak to, że mamy klucz, nie wystarczy, by otworzyć bramę. Musimy włożyć klucz do zamka i przekręcić. To samo tyczy się Słowa Bożego. Bez względu na to, ile Słowa Bożego słuchamy w naszym życiu, nie oznacza to, że ma ono moc w naszym życiu. Możemy otrzymać błogosławieństwa opisane w Słowie Bożym, jednak najpierw musimy zacząć to słowo stosować w codziennym życiu.

W Ew. Mat. 7,21 czytamy: „Nie każdy, który Mi mówi: Panie,

Panie!, wejdzie do królestwa niebieskiego, lecz ten, kto spełnia wolę mojego Ojca, który jest w niebie." Natomiast w Jak. 1,25: „Kto zaś pilnie rozważa doskonałe Prawo, Prawo wolności, i wytrwa w nim, ten nie jest słuchaczem skłonnym do zapominania, ale wykonawcą dzieła; wypełniając je, otrzyma błogosławieństwo."

Abyśmy otrzymali Bożą miłość i błogosławieństwa, musimy zrozumieć, czym są owoce Ducha Świętego, zachowywać je w umyśle i wydawać, praktykując Słowo Boże w codziennym życiu. Jeśli wydajemy owoce Ducha Świętego w pełni, praktykując prawdę, będziemy radować się prawdziwą wolnością w prawdzie. Będziemy wyraźnie słyszeć głos Ducha Świętego i poddamy się Jego kierownictwu tak, że nasza ducha będzie obfitować. Modlę się w imieniu Pana Jezusa, abyście radowali się zaszczytami, które Bóg daje swoim dzieciom na ziemi i w Nowym Jeruzalem, które jest ostatecznym celem naszej podróży wiary.

Autor:
Dr. Jaerock Lee

Dr Jerock Lee urodził się w 1943 roku w Muan, w prowincji Jeonnam, w Republice Korei. Kiedy skończył 20 lat cierpiał z powodu wielu różnych nieuleczalnych chorób przez siedem lat i czekał na śmierć zupełnie pozbawiony nadziei na wyzdrowienia. Pewnego dnia, wiosną 1974 roku, jego siostra przyprowadziła go do kościoła, i kiedy uklęknął, aby się pomodlić, Żywy Bóg natychmiast uzdrowił go ze wszystkich chorób.

Dzięki temu doświadczeniu, Dr Lee poznał prawdziwego żyjącego Boga, pokochał Go całym swoim sercem i w 1978 został powołany na sługę Bożego. Gorliwie modlił się o jasne i pełne zrozumienie woli Bożej, zrealizowanie Jego misji oraz posłuszeństwo wszystkim słowom Boga. W 1982 roku założył Centralny Kościół Manmin w Seulu w Korei, gdzie miały miejsce niezliczone dzieła Boże, łącznie z uzdrowieniami i cudami.

W 1986 roku Dr Lee został ordynowany na pastora podczas dorocznego zjazdu Kościoła Koreańskiego i cztery lata później, w 1990 roku, rozpoczęto emisję jego kazań w Australii, Rosji, na Filipinach i w wielu innych miejscach przez firmę Far East Broadcasting Company, Asia Broadcast Station oraz chrześcijańskie radio Washington Christian Radio System.

Trzy lata później w 1993 roku, Centralny Kościół Manmin został wybrany jako jeden z najbardziej popularnych kościołów na świecie przez amerykański magazyn chrześcijański „Christian World", a pastor Lee otrzymał tytuł doktora honorowego Honorary Doctorate of Divinity od chrześcijańskiego college'u na Florydzie w Stanach Zjednoczonych. W 1996 roku otrzymał również tytuł doktora od teologicznego seminarium Kingsway w Iowa, w Stanach Zjednoczonych.

Od 1993 Dr Lee zaczął prowadzić światową misję w Tanzanii, Argentynie, Los Angeles, Baltimore, Hawajach i w Nowym Jorku w Stanach Zjednoczonych, Ugandzie, Japonii, Pakistanie, Kenii, na Filipinach, w Hondurasie, Indiach, Rosji, Niemczech, Peru, Demokratycznej Republice Kongo, Izraelu i Estonia. Informacja o jego misji w Ugandzie została wyemitowana w CNN, natomiast izraelskie ICC informowało o misji kościoła w Jerozolimie. Na antenie wygłosił komentarz, że Jezus Chrystus jest Mesjaszem. W 2002 roku został nazwany „pastorem światowym" przez największą chrześcijańską gazetę w Korei ze względu na jego prace misyjne na całym świecie.

We październik 2014 Centralny Kościół Manmin miał już ponad 120,000 członków. Na całym świecie jest 10,000 kościołów, włączając w to 54 kościoły w wielkim miastach samej Korei. Na ten moment 123 ośrodki misyjne zostały założone w 23 krajach, takich jak na przykład Stany Zjednoczone, Rosja, Niemcy, Kanadam Japonia, Chiny, Francja, Indie, Kenia i wiele innych.

Dr Lee napisał już 94 książek. Wiele z nich stało się bestsellerami: Poczuć Życie Wieczne przed Śmiercią, Moje Życie, Moja Wiara I & II, Przesłanie Krzyża, Miara Wiary, Niebo I & II, Piekło, oraz Moc Boża. Jego książki zostały pretłumaczone na ponad 76 języki.

Jego artykuły publikowane są w: The Hankook Ilbo, The JoongAng Daily, The Dong-A Ilbo, The Chosun Ilbo, The Munhwa Ilbo, The Seoul Shinmun, The Kyunghyang Shinmun, The Korea Economic Daily, The Korea Herald, The Shisa News, oraz The Christian Press.

Dr Lee jest obecnie przewodniczącym wielu organizacji misyjnych oraz stowarzyszeń takich jak na przykład: Chairman, The United Holiness Church of Jesus Christ; President, Manmin World Mission; Permanent President, The World Christianity Revival Mission Association; Founder & Board Chairman, Global Christian Network (GCN); Founder & Board Chairman, World Christian Doctors Network (WCDN); and Founder & Board Chairman, Manmin International Seminary (MIS).

Inne książki tego samego autora

Niebo I & II

To szczegółowy opis całego, składającego się z pięciu poziomów królestwa niebieskiego, będącego przepięknym miejscem, w jakim przebywają otoczeni chwałą Bożą mieszkańcy niebios.

Moje Życie, Moja Wiara I & II

Cudowny aromat duchowy życia, które rozkwitło pod wpływem niewyobrażalnej miłości Bożej, pomimo ciemnych fal, ciężkiego jarzma oraz najgłębszej rozpaczy.

Życie Wieczne przed Śmiercią

Książka jest zbiorem przemyśleń i wspomnień pastora dra Jaerock Lee, który został zbawiony od śmierci i prowadził godne naśladowania życie chrześcijanina.

Miara Wiary

Jaka nagroda, korona i miejsce czekają na nas w niebie? Książka stanowi zbiór mądrości o tym, w jaki sposób nasza wiara zostanie oceniona oraz co możemy zrobić, aby ją rozwijać i doskonalić.

Piekło

Książka traktuje o przesłaniu Boga do całej ludzkości, który gorąco pragnie, aby żadna z dusz nie trafiła w otchłań piekielną! Przedstawia znaną tylko nielicznym okrutną rzeczywistość Hadesu i piekła.

www.urimbooks.com

www.ingramcontent.com/pod-product-compliance
Lightning Source LLC
LaVergne TN
LVHW010209070526
838199LV00062B/4515